SEGUNDA GUERRA MUNDIAL

COLEÇÃO HISTÓRIA NA UNIVERSIDADE – TEMAS FUNDAMENTAIS

Coordenação Jaime Pinsky e Carla Bassanezi Pinsky

INDEPENDÊNCIA DO BRASIL • João Paulo Pimenta
REVOLUÇÃO FRANCESA • Daniel Gomes de Carvalho
SEGUNDA GUERRA MUNDIAL • Francisco Cesar Ferraz

Conselho da Coleção

Marcos Napolitano
Maria Ligia Prado
Pedro Paulo Funari

Proibida a reprodução total ou parcial em qualquer mídia
sem a autorização escrita da editora.
Os infratores estão sujeitos às penas da lei.

A Editora não é responsável pelo conteúdo deste livro.
O Autor conhece os fatos narrados, pelos quais é responsável,
assim como se responsabiliza pelos juízos emitidos.

Consulte nosso catálogo completo e últimos lançamentos em **www.editoracontexto.com.br**.

Francisco Cesar Ferraz

SEGUNDA GUERRA MUNDIAL

HISTÓRIA NA UNIVERSIDADE –
TEMAS FUNDAMENTAIS

Copyright © 2022 do Autor

Todos os direitos desta edição reservados à
Editora Contexto (Editora Pinsky Ltda.)

Montagem de capa e diagramação
Gustavo S. Vilas Boas

Coordenação de textos
Carla Bassanezi Pinsky

Preparação de textos
Lilian Aquino

Revisão
Ana Paula Luccisano

Dados Internacionais de Catalogação na Publicação (CIP)

Ferraz, Francisco Cesar
Segunda Guerra Mundial / Francisco Cesar Ferraz. –
São Paulo : Contexto, 2022.
176 p. : il. (História na Universidade : temas fundamentais)

Bibliografia
ISBN 978-65-5541-190-4

1. Guerra Mundial, 1939-1945 2. História I. Título II. Série

22-5406   CDD 940.53

Angélica Ilacqua – Bibliotecária – CRB-8/7057

Índice para catálogo sistemático:
1. Guerra Mundial, 1939-1945

2022

EDITORA CONTEXTO
Diretor editorial: *Jaime Pinsky*

Rua Dr. José Elias, 520 – Alto da Lapa
05083-030 – São Paulo – SP
PABX: (11) 3832 5838
contato@editoracontexto.com.br
www.editoracontexto.com.br

Sumário

Sete vidas, milhões de vidas 7

Como chegamos a este ponto? 13

Uma guerra europeia 35

O mundo em guerra 69

A virada 103

A difícil vitória aliada 147

Precisamos falar sobre extermínio 165

Para conhecer mais 173

Sete vidas, milhões de vidas

A Segunda Guerra Mundial foi o evento que marcou o século XX, e ainda é, mais de 80 anos depois de iniciada, um ponto de referência histórico para praticamente qualquer acontecimento mundial. Foi a guerra que produziu mais mortos – pelo menos 80 milhões de pessoas – e a primeira em que morreram mais civis do que os combatentes diretos. Foi um conflito que atingiu a todos, tanto os que estavam nas áreas onde os combates eram travados, quanto quem se encontrava geograficamente distante dos campos de batalha e que, da guerra, só tinham vagas informações. Todos, combatentes ou não, seriam afetados de um modo ou de outro.

Foi o que pensou, na madrugada de 1º de setembro de 1939, Otto Schmidt, 22 anos, piloto da força aérea alemã, quando recebeu, junto com seus companheiros, uma ordem de missão de ataque a posições polonesas. Não havia dúvidas. "Pessoas vão morrer e nós fazemos parte dessa máquina de guerra." Seu esquadrão de bombardeios decolou e, na altura da pequena cidade polonesa de Wielun, os aviões mergulharam e despejaram suas bombas. Schmidt recorda ter ficado horrorizado ao pensar que as pessoas abaixo deles ignoravam que a guerra tinha começado. "Daquele ponto em diante, elas podem ser mortas a qualquer momento, talvez pelas minhas bombas."

Como Schmidt intuía, os habitantes de Wielun e de outras cidades polonesas somente souberam que a guerra tinha começado para valer após o primeiro ataque. Nos dias seguintes, todos tentaram fazer o possível para sobreviver. Em Cracóvia, a mãe de Rajmund Roman Polanski passou a obrigar o filho, de 6 anos, a dormir de sapatos para estar preparado para correr, em caso de bombardeio, em direção a um porão velho que servia de abrigo. O posterior cessar-fogo, porém, não trouxe paz. Com Cracóvia ocupada pelos alemães, a família de Rajmund, judia, sentiu o horror do combate nazista, que não poupava civis e via nos "atributos raciais" da população das zonas ocupadas razões para exterminá-la. Os pais de Rajmund foram encaminhados a campos de concentração. Ele, sozinho, entre os 7 e os 12 anos de idade, viveu o período da guerra vagando pelo Gueto de Cracóvia e por cidades e campos da Polônia, mendigando dinheiro e abrigo, roubando comida e fugindo dos nazistas. Sua mãe morreu em Auschwitz e seu pai sobreviveu milagrosamente após passar dois anos nos campos de concentração de Mauthausen-Gusen, na Áustria. Em 1945, Polanski decidiu seguir a carreira no teatro e no cinema. Seu talento logo foi reconhecido e tornou-se, nas décadas seguintes, um famoso diretor de cinema. Ao comentar um de seus filmes, o premiado *O pianista*, Polanski revelou ter sido o "mais pessoal" que dirigiu, por evocar as lembranças das atrocidades sofridas por sua família e da luta pela sobrevivência nos tempos da guerra.

Ajudar aliados perseguidos foi o objetivo que moveu Andrée de Jongh, jovem enfermeira belga, ao organizar entre 1941 e 1942 uma rede de fuga de soldados e pilotos de aeronaves abatidas (inclusive alguns que não puderam ser evacuados em Dunquerque) que precisavam escapar da Bélgica ocupada pelos nazistas, a "Rede Cometa". Esses combatentes eram levados, escondidos das mais diversas maneiras, até a Espanha, e de lá, encaminhados para a Grã-Bretanha. Dédée, codinome de De Jongh, só interrompeu suas atividades quando foi capturada pelos alemães, em 1943, ficando presa até o fim da guerra. Após o conflito, dedicou sua vida a tratar de leprosos em países africanos como Congo, Camarões, Etiópia e Senegal.

Junto às iniciativas individuais, também os governos tentavam proteger seus cidadãos. Temendo bombardeios nas principais cidades inglesas, o governo britânico evacuou crianças para o interior do país e para o exterior. Entre elas estava Martin Gilbert, que sequer havia completado 4 anos de idade quando foi enviado para o Canadá na companhia de centenas de outras crianças. A viagem para Toronto, em meio a um comboio de 50 navios, foi terrível. Submarinos alemães os atacaram e cinco embarcações foram afundadas. O navio em que o garoto se encontrava, porém, não foi atingido. Marcado profundamente por essa experiência, na vida adulta, Martin Gilbert se tornou um dos mais respeitados historiadores da Segunda Guerra Mundial e do extermínio dos judeus.

A mesma embarcação que transportou o menino Martin para o Canadá, no início da guerra, fez o caminho de volta com milhares de soldados canadenses para a Grã-Bretanha, para tomarem parte, tempos depois, da maior invasão anfíbia da história, o Desembarque na Normandia em junho de 1944, no famoso Dia D. Nesse dia e nos seguintes, os combates travados entre os Aliados (americanos, britânicos e canadenses) e as forças alemãs foram ferozes. Quando fizeram prisioneiros, os Aliados se surpreenderam com quatro soldados coreanos que vestiam uniforme do Exército alemão. Entre eles estava Yang Kyoungjong, recrutado à força, em 1938, pelo Exército Imperial do Japão, país ao qual a Coreia pertencia naquele momento. Levado a lutar pelo Japão, foi feito prisioneiro pelos soviéticos na fronteira da Manchúria chinesa com a da União Soviética na Batalha de Khalkhin Gol, em 1939. Depois de ser levado para um gulag, um "campo de trabalho" de prisioneiros políticos e comuns, acabou recrutado para o Exército Vermelho, em 1943. Combateu os alemães na Ucrânia, em Karkov, e mais uma vez, participando do lado vencido, foi feito prisioneiro do Terceiro Reich. Este, porém, à medida que as necessidades da guerra por mais soldados se avolumavam, relaxou as exigências de pureza racial de seus defensores. E lá foi Yang, vestindo uniforme alemão, para a região francesa do Cotentin, na Normandia, para defender em 1944 a "Muralha do Atlântico" contra uma invasão aliada. Lutando pela terceira vez pelo lado derrotado, novamente foi feito prisioneiro, dessa feita pelos americanos. A guerra tinha finalmente acabado para Yang. Libertado da prisão em 1947, estabeleceu-se nos Estados Unidos, onde viveu em Evanston, Illinois, até sua morte, em 1992.

Tornar-se prisioneiro de guerra era apenas um dos receios dos envolvidos no conflito. Sofrer algum tipo de ferimento capaz de produzir sequelas físicas, como mutilações e desfigurações, também fazia parte dos pesadelos dos combatentes da linha de frente. A comandante de canhão antiaéreo, sargento Valentina Pávlovna, uma das centenas de milhares de mulheres soviéticas que efetivamente tomaram parte na luta contra os alemães, não escapou de ser gravemente ferida. Em 1941, Valentina tinha 18 anos quando a notícia da invasão alemã à União Soviética mudou sua vida para sempre. Seus cinco irmãos e seu pai foram para o combate, e nenhum voltou vivo. Como alguns colegas de escola, ela se voluntariou para o Exército, onde serviu como telefonista na seção de comunicações de uma bateria antiaérea. Ao receber a notícia da morte de seu pai, Valentina pediu para entrar em combate direto: queria vingá-lo. Acionando um canhão, atirava com vontade e ódio contra os invasores. Numa das ações, acabou ferida. Seus pés começaram a gangrenar. Contudo, um médico de campanha insistiu que era possível salvá-la da morte sem a amputação. Após meses de tratamento, com os pés ainda "em frangalhos" e muita dificuldade para andar, Valentina ganhou uma licença. Mas não quis voltar para casa. Retornou à sua unidade, ao seu canhão, até o Dia da Vitória, quando então finalmente se permitiu descansar e voltar à vida civil.

A matança é a essência da guerra, e os que dela sobrevivem são impactados para sempre. Eugene Sledge, um jovem de 18 anos de Mobile, Alabama, contra a vontade da família, se alistou nos fuzileiros navais, para combater pelos Estados Unidos na guerra. Seu pai, médico, tentou convencê-lo a não se envolver, argumentando que o mais chocante no tratamento dos jovens ex-combatentes da Primeira Guerra Mundial não eram os ferimentos na carne, mas na alma, e ele não queria ver a morte no olhar de seu filho. Decidido a lutar, Sledge foi encaminhado para uma unidade de morteiros entre os fuzileiros navais no Pacífico. Em vários momentos, atuou na infantaria também, contra os japoneses, em combates que se tornaram famosos pela grande carnificina. Acabada a guerra, ao retornar ao Alabama, Sledge quis se matricular em um curso universitário. Na mesa de inscrição, foi perguntado se possuía alguma formação ou habilidade que pudesse ser aproveitada na universidade. Exasperado, respondeu: "Moça, havia uma guerra assassina, e eu fui um dos que tinham que fazer a matança. E eu a fazia muito bem". Com o passar dos anos, aprendeu a lidar com suas memórias da guerra. Escreveu um livro sobre elas, doutorou-se em Biologia e se tornou professor universitário. Mas, como os milhões de soldados e civis que saíram vivos da guerra, a guerra nunca saiu da vida deles.

As histórias aqui lembradas são de pessoas comuns em um evento histórico absolutamente incomum. São sete histórias, escolhidas ao acaso. O que elas, gotas de água no oceano de dramas das centenas de milhões de pessoas afetadas direta ou indiretamente na guerra – homens e mulheres, combatentes e civis, crianças e adultos, vencedores e vencidos –, possuem em comum? A resposta é a essência deste livro. Sua proposta não é apenas mostrar como se deu a guerra, em seus aspectos militares e políticos, mas retratar também o aspecto humano, as pessoas que viveram a Segunda Guerra Mundial e por ela foram afetadas, em termos individuais e coletivos.

Foi uma guerra de massas de conscritos combatentes, apoiada pela mobilização massiva de cidadãos de cada país. Foi uma guerra em que o espectro da destruição protagonizada ou sofrida rondou cada indivíduo, cada nacionalidade, cada cultura. Em suma, a Segunda Guerra Mundial foi, como nenhuma outra antes ou depois, *mundial, total* e *interdependente*.

Foi uma guerra *mundial* porque, com exceção de uns poucos Estados nacionais neutros e/ou distantes demais de terrenos e mares onde os combates aconteceram, envolveu nas atividades bélicas, no fornecimento de materiais necessários às frentes de combate e doméstica, ou mesmo na localização estratégica, todas as nações do mundo.

Foi uma guerra *total* porque abrangeu todas as energias e atividades das populações do globo, militares e civis. Não houve aspecto político, econômico, cultural que não acabou relacionado, direta ou indiretamente, à guerra.

Foi, por fim, uma guerra *interdependente* porque, dadas as dimensões dos teatros de operações, cada grupo combatente dependia das outras forças armadas, dispostas ao lado e até mesmo a centenas de quilômetros de distância, assim como dependia também da produção de material bélico e bens de consumo, por parte da população civil, de seu país ou de seus aliados. Estava atrelada aos avanços da ciência e da tecnologia, à manutenção do moral e da vontade de continuar lutando da população civil, além dos próprios soldados.

O livro está organizado em seis capítulos, que visam introduzir o leitor aos eventos que levaram à guerra em si, nas suas várias frentes, e ao seu desfecho, com as inevitáveis consequências. No primeiro capítulo, será examinado o contexto anterior ao conflito, a ascensão dos fascismos, a crise dos liberalismos e dos pacifismos, a luta por ampliação dos espaços de poder e influência entre impérios (econômicos e políticos), bem como as preparações para a guerra. A eclosão da guerra em diferentes continentes, o desenvolvimento avassalador que consumiu a humanidade por anos e o desfecho, nas várias frentes de combate, bem como suas consequências imediatas, são tratados nos capítulos seguintes. A abordagem ultrapassa os aspectos militares e estratégicos da guerra, enfatiza a dimensão social do conflito, o envolvimento e as consequências para toda a sociedade.

Este livro é ainda uma introdução à História da Segunda Guerra Mundial, e a algumas de suas polêmicas históricas e historiográficas. Não se trata de uma História compreensiva e detalhada, do tipo "tudo sobre toda a Segunda Guerra Mundial". Obras com essa proposta existem e se caracterizam (literalmente) pelo seu tamanho – centenas e centenas de páginas – e pela intenção de abarcar ao máximo as três características já mencionadas dessa guerra, quais sejam, o seu caráter mundial, total e interdependente. Mas mesmo essas obras não conseguem fugir a escolhas arbitrárias, porém necessárias, de seus autores, sobre temas, períodos, nações e teatros de operação. O livro que está agora nas mãos do leitor também se caracteriza por escolhas. Se conseguir apresentá-lo ao maior conflito da história e despertar seu interesse pelo aprofundamento de seus muitos temas e personagens, esta obra terá cumprido seu papel.

Como chegamos a este ponto?

O primeiro problema para uma explicação das causas e origens da Segunda Guerra Mundial é definir se esta é concebida como a síntese de duas guerras de inícios e causas separadas, que se conectam durante o conflito – a guerra na Eurásia, norte da África e oceano Atlântico, de um lado, e a guerra na Ásia e oceano Pacífico, de outro –, ou como a síntese de uma única guerra global, com origens e sentidos comuns nos variados teatros de operações.

Não há dúvidas de que houve causas comuns às frentes ocidentais e asiáticas. As principais potências econômicas e militares do globo exerciam seu poder por via armada, diplomática ou econômica nos continentes, incluindo as colônias e protetorados na África, Oriente Médio e Ásia. Os Estados Unidos, por sua vez, interferiam na América Latina oscilando entre as políticas do "Grande Porrete" e da "Boa Vizinhança". Outras potências, sem tais recursos e territórios, almejavam conquistá-los, por via de guerras ou pela dissuasão que a ameaça de um novo conflito mundial poderia causar.

As disputas por esferas de poder, recursos materiais e rotas de comércio se misturavam às aspirações de povos, nacionalidades e etnias, por independência e autodeterminação. Essas aspirações não haviam sido resolvidas na Grande Guerra Mundial, conflito travado entre 1914 e 1918, envolvendo países do mundo todo. Contudo, devido à sua dimensão gigantesca e brutal, não se imaginava que pudesse haver, no futuro, outra guerra do mesmo porte ou ainda pior. Porém, o conflito seguinte, apenas duas décadas depois, seria muito mais violento, abrangente e duradouro, e passaria à História com o nome de Segunda Guerra Mundial.

As primeiras referências a uma "Segunda Guerra Mundial" foram feitas antes de seu início, como um alerta sobre a possibilidade de um conflito que deveria ser evitado a todo custo. A partir de seu início na Europa em 1939, o termo "Segunda Guerra Mundial" passou a ser usado para definir o conflito que duraria até 1945, enquanto aquele ocorrido entre 1914 e 1918 ficaria conhecido convencionalmente como Primeira Guerra Mundial.

Tão ruim quanto o morticínio da Grande Guerra em si foi o fato de que ela não só não resolveu os problemas existentes, como em alguns casos os agravou, além de criar outros também de difícil solução. Inimizades antigas se aprofundaram e outras surgiram, tanto entre as potências consolidadas nas décadas de 1920 e 1930, quanto entre potências ascendentes e, não menos importante, também entre nacionalidades e povos submetidos às políticas das grandes potências. Reforçando as disputas, havia grupos que desejavam a submissão de seus concorrentes, ou dos seus vizinhos próximos e distantes, ou de seus desafetos, a quem consideravam "inferiores".

O inimigo podia ser de outro Estado, nacionalidade ou etnia, mas também podia ser partidário de outras ideias sobre como deveria ser a sociedade. Aprofundando as crises já presentes nas duas primeiras décadas do século XX, em meio à Primeira Guerra Mundial, em outubro de 1917 ocorreu a primeira revolução comunista bem-sucedida, no antigo Império Russo. A Revolução Bolchevique conseguiria sobreviver a uma longa e sangrenta guerra civil, contra um inimigo apoiado por nações vencedoras da Primeira Guerra Mundial. Nos anos seguintes, mesmo enfrentando um isolamento internacional, excluído dos tratados de paz do pós-guerra e da Liga das Nações, o Estado comunista – que ganhou o nome de União Soviética – consolidaria seu poder e passaria a ser visto como ameaça à ordem interna dos países capitalistas. Portanto, a luta entre as aspirações de revolução mundial por parte de comunistas, por um lado, e sua contenção e repressão, por outro, também se espalhou por todas as regiões do planeta.

Três características mais gerais seriam comuns aos dois grandes teatros de operações da guerra, o ocidental e o asiático, e aos dois recortes temporais de início da guerra, 1937 (Ásia) e 1939 (Europa):

- As disputas por espaços de poder territorial e político entre potências imperiais (incluindo aí também a União Soviética, além das demais potências capitalistas);
- Os conflitos entre nacionalidades e etnias por espaços territoriais que entendiam ser vitais para sua sobrevivência;
- As lutas pela disseminação ou pela contenção da revolução social em diversos lugares do mundo.

Com exceção da contenção da revolução social, os dois primeiros conjuntos de causas já estiveram presentes na Primeira Guerra Mundial (1914-1918), sem terem sido resolvidos completamente com seu fim. Pelo contrário, as disputas por fronteiras, espaços nacionais e áreas de influências se tornaram mais agudas ainda. Assim, a Segunda Guerra Mundial não pode ser entendida sem o exame dos antecedentes decorrentes da guerra mundial anterior.

AS PONTAS SOLTAS DA PRIMEIRA GUERRA MUNDIAL

Quando a chamada Grande Guerra acabou, em 1918, ficou claro que todos os beligerantes sofreram consequências terríveis do conflito que contabilizou ao todo 60 milhões de combatentes, 7 milhões de mortos, 21 milhões de feridos ou incapacitados, 4 milhões de viúvas, 8 milhões de órfãos. Nos dias e meses seguintes à assinatura do armistício, em 11 de novembro de 1918, os combatentes que haviam sobrevivido voltaram para seus lares em um continente submetido a mais profunda desestruturação e devastação.

A produção industrial da Europa estava reduzida a 30% do que tinha sido quando a guerra começou. Estados nacionais endividados, moedas desvalorizadas, crise e desemprego. Com exceção dos Estados Unidos e do Japão, que não tiveram seus territórios invadidos ou ameaçados de invasão, e que puderam crescer industrialmente e acumular capital, os outros beligerantes enfrentavam no final de 1918 mais dificuldades que no período anterior à guerra, mesmo aqueles do lado vencedor. O lado vencido amargaria, além das crises iguais ou piores que as que assolavam o lado vencedor, perdas territoriais, insatisfações sociais, frustrações e rancores. O impacto da Grande Guerra, portanto, devastou a Europa e seus antigos pilares políticos. Quatro monarquias acabaram destronadas e a economia demoraria anos para se recompor.

No caso da Alemanha, além da derrota e da desestruturação política, com a queda do kaiser Guilherme II e seu Império, houve, entre 1918 e 1919, tentativas de revolução comunista na Baviera e em Berlim. Estas ocorreram no mesmo período em que a instauração de uma república democrática (a República de Weimar) ainda era muito frágil, e os ex-combatentes tinham acabado de retornar do *front*. A repressão que levou ao fim de tais movimentos contou com a participação de militares e milícias anticomunistas. O efeito mais duradouro desses acontecimentos foi a disseminação da ideia de que a derrota da Alemanha na guerra não tinha acontecido por razões militares, mas porque "maus alemães" (categoria que os grupos de direita atribuíam principalmente a comunistas, socialistas e judeus) tinham "apunhalado pelas costas" a pátria alemã.

A situação da recém-instituída República Soviética era ainda mais complicada. A vitoriosa Revolução Bolchevique colocou o objetivo de acabar com a guerra como prioridade. O representante diplomático do novo governo, Leon Trotski, intercedeu junto à França e à Inglaterra, aliados da Rússia, para que isso acontecesse. Na ausência de respostas, voltou-se para a Alemanha e negociou um tratado de paz à parte, conhecido como Tratado de Brest-Litovski. Dada a fragilidade do ex-Império Russo e do governo que estava assumindo, os alemães obrigaram os russos a assinar uma paz extremamente desvantajosa: o novo Estado soviético perdeu os territórios não russos do antigo império czarista (países bálticos, Finlândia, Ucrânia, Bielo-Rússia e Polônia), e mais faixas territoriais da Geórgia e Turquia. Essas regiões cedidas à Alemanha e seus aliados abrigavam um terço da população russa, metade da produção industrial e 90% de suas reservas de carvão. Após o final da guerra, o Tratado de Brest-Litovski foi anulado. Os territórios, porém, não foram recuperados. Pelo contrário, os países bálticos, a Finlândia e a Polônia se declararam independentes. A Romênia aproveitou-se das dificuldades dos russos com sua guerra civil e anexou a Bessarábia. Apenas Ucrânia e Bielo-Rússia, que haviam se envolvido na Guerra Civil Russa (1917-1923), tiveram seus territórios retomados pelo recém-fundado Estado soviético.

Esse arrolamento das consequências territoriais da Grande Guerra tem sua razão de ser: foi a partir dos problemas não resolvidos, em termos de reconhecimento de soberania territorial e autodeterminação das diversas nacionalidades da Europa Central e do Leste, que algumas das condições para ocorrer uma nova guerra mundial passaram a amadurecer muito rápido. O Tratado de Paz assinado em Versalhes, que deveria reorganizar a Europa de modo a manter uma paz estável e constante, somente aprofundaria as tensões e contradições entre os diferentes atores nacionais, militares e políticos.

O Tratado de Versalhes

Nos arredores de Paris, foi realizada a Conferência de Paz no Palácio de Versalhes. Em seu início, em 12 de janeiro de 1919, foram reunidas 32 nações para deliberar sobre os termos da capitulação das Potências Centrais (Alemanha, Império Austro-Húngaro, Bulgária e Turquia). As decisões mais importantes ficaram a cargo dos "quatro grandes", Grã-Bretanha, França, Estados Unidos e Itália. A Rússia recém-revolucionada não havia sido convidada.

As discordâncias entre os representantes das potências se concentravam na questão sobre o que fazer com a derrotada Alemanha. O representante francês, Georges Clemenceau, intencionava assegurar que, em termos militares, a Alemanha não tivesse condições para se reerguer contra a França, nem ameaçar mais suas fronteiras. Tal política levava em conta que a Alemanha, mesmo derrotada, era superior em potencial industrial e populacional. Ao final da Conferência, as resoluções determinaram a redução do Exército alemão para o máximo de 100 mil homens. A conscrição foi abolida, assim como a fabricação e o uso de tanques. A Marinha de Guerra germânica foi reduzida a 36 embarcações, e os submarinos passaram a ser proibidos.

Além disso, o país perdeu 13% do seu território e 10% de sua população ficou em território agora não alemão. O país também perdeu as colônias que possuía na África e na Ásia. Na Europa, a Alemanha perdeu: a Renânia, na fronteira com a França, transformada em zona desmilitarizada, sob supervisão francesa; a região do Saar, também na fronteira francesa; a região da Alsácia-Lorena, cedida à França; a faixa territorial de Memel, no extremo norte da Prússia Oriental, na fronteira com a Lituânia; e uma faixa territorial da Prússia, o que fez a Alemanha deixar de ter terras contíguas, com a região alemã da Prússia Oriental "separada" do resto do país por uma faixa de terras cedidas à Polônia, conhecida como o "corredor polonês". Além disso, perdeu o controle da importante cidade portuária de Danzig, transformada em cidade-livre, administrada pela recém-criada Liga das Nações.

Mapa 1 – A Europa depois do Tratado de Paz de 1919

Contudo, o ponto mais sensível do Tratado de Versalhes foi o das reparações de guerra que a Alemanha teria de pagar: um total de 6 bilhões e 600 milhões de libras. Para justificá-las, os Aliados inseriram no Tratado um artigo que responsabilizava o país pela guerra.

Na Alemanha, como era de se esperar, a reação foi péssima. A "culpa" pelo Tratado extremante desfavorável foi estendida, na visão do alemão médio, aos políticos da República de Weimar, recém-fundada, que não haviam sabido negociar os termos do Tratado e o aceitaram. A tal história da "punhalada pelas costas" que a nação teria sofrido se espalhou com mais força pelo país. Assim, o Tratado de Versalhes acabaria sendo um poderoso aglutinador de ressentimentos de vários setores da população alemã, considerado uma das principais razões pelos problemas e pelas crises dos anos 1920 e 1930 que o país teve de enfrentar.

Além da Alemanha, outros países das Potências Centrais perderam territórios no Tratado de Versalhes e outros que se seguiram. A Hungria perdeu 40% de seu território, que foi para a Romênia e a Tchecoslováquia. A Áustria perdeu a parte não austríaca do seu território para a Tchecoslováquia, incluindo a Boêmia e a Morávia. Além do mais, a Áustria ficou proibida de se unir à Alemanha, como país unificado. A Iugoslávia foi criada pelo Tratado de Versalhes, com seu território dividido de maneira conflituosa entre sérvios e croatas. Por fim, a Turquia perdeu o território anteriormente pertencente ao Império Otomano, que foi dividido em áreas de influência da França, Grã-Bretanha e Itália.

A Tchecoslováquia foi outro país criado pelo Tratado de Versalhes, e constituiria a única experiência de desenvolvimento de uma democracia sólida e economicamente próspera. Nos outros países da Europa Central, ascenderiam ao poder ditaduras de direita e extrema direita, apoiadas frequentemente por movimentos nacionalistas agressivos, interna e externamente.

Por tais características, não há dúvidas de que o Tratado de Versalhes e os outros que se seguiram não resolveram os conflitos que produziram a Primeira Guerra Mundial. Muito pelo contrário, os agravaram. Para evitar os riscos de uma nova guerra, foi criada pelo Tratado de Versalhes a Liga das Nações, uma assembleia com representantes dos países do mundo, que se reunia anualmente em Genebra, na Suíça, para deliberar sobre questões de litígio entre nações e promover resoluções pacíficas de conflitos internacionais. No entanto, a Liga das Nações nunca se mostrou forte suficiente para promover de fato a paz mundial. Nos casos em que potências transgrediam regras internacionais, o mais forte falava sempre mais alto. A Liga das Nações sequer conseguiu frear a corrida armamentista que se seguiu entre as potências.

A ASCENSÃO DO NAZISMO NA ALEMANHA

A derrota da Alemanha na Grande Guerra não levou apenas à queda da monarquia e à perda de territórios. Nos primeiros anos da década de 1920, uma crise econômica impulsionada por uma inflação gigantesca impactou violentamente a vida dos alemães. Na época, essa inflação foi atribuída à necessidade de pagar as reparações de guerra. No entanto, hoje se sabe que, durante o conflito, o governo alemão emprestou dinheiro e gastou em demasia, sem garantias de pagamento, a não ser que vencesse a guerra. No pós-guerra, sem a vitória e sem os espólios por ela trazidos, o colapso da economia alemã foi inevitável. A crise econômica acabou servindo de argumento para vários setores da sociedade alemã contrários ao pagamento das reparações. Contudo, para um país desarmado, deixar de pagar não era tão simples. A França, por exemplo, dependia das reparações alemãs para a sua economia e não queria abrir mão delas. Em 1922, a Alemanha não pagou a França, e esta invadiu militarmente a região do Ruhr. Posteriormente, a região foi desocupada, e os Estados Unidos ofereceram auxílio à economia alemã, permitindo que, a partir de 1924, a Alemanha pagasse anualmente as reparações em troca de empréstimos.

Problemas das fronteiras definidas por Versalhes continuavam existindo quando, em 1925, foi assinado, por Alemanha, França, Grã-Bretanha e Itália, o Tratado de Locarno. Através dele, a Alemanha concordava com a fronteira estabelecida pelo Tratado de Versalhes em troca da retirada dos inspetores de desarmamento da Alemanha e da desocupação militar, pelos Aliados, da Renânia. Após esse |Tratado, a Alemanha foi aceita na Liga das Nações.

Internamente, contudo, a Alemanha continuava conturbada. Em meio aos descontentamentos de muitos grupos, surgiu (fundado em 1920) e ganhou força no país um partido nacionalista de extrema direita, o Partido Nacional Socialista dos Trabalhadores Alemães (chamado de "nazista", pelos seus detratores, devido à pronúncia alemã da palavra "nacional-socialista" – *Nationalsozialistische*). Adolf Hitler, um ex-combatente da Primeira Guerra Mundial, destacou-se como uma liderança emergente. Embora nascido na

Áustria, Hitler havia servido no Exército alemão como cabo durante a guerra. Em 1923, com outros veteranos do conflito, Hitler protagonizou uma tentativa de golpe na Baviera, no que ficaria conhecido como o "Putsch da Cervejaria". Hitler acabou preso e, no cárcere, escreveu seu manifesto político intitulado *Minha luta*. Nessa obra, já estavam esboçados alguns pontos que seriam base da política alemã na futura Segunda Guerra Mundial: o desrespeito ao Tratado de Versalhes; a necessidade alemã de "espaço vital"; a união das populações de fala alemã em uma "Grande Alemanha"; o antissemitismo; a criação de uma Alemanha racialmente "pura".

DO PANGERMANISMO À BUSCA PELO "ESPAÇO VITAL"

A unificação de povos de língua e origens alemãs em uma única grande nação, o *pangermanismo*, já fazia parte dos planos de vários movimentos políticos e sociais na Europa Central desde o início do século XIX.

O processo de unificação de povos e territórios componentes da Confederação Germânica, entre as décadas de 1820 e 1880, sob liderança da rica e poderosa Prússia, aumentou a pressão sobre populações germânicas em outras nações e regiões, como o Império Austro-Húngaro, os países bálticos e regiões fronteiriças da Alemanha.

Ao longo das décadas de unificação e consolidação do Estado alemão, as aspirações para a formação de uma "Grande Alemanha" começavam a incluir, além da identidade idiomática, supostas origens raciais e culturais comuns. Isso abarcaria até populações dos países nórdicos e mesmo alguns grupos dos Países Baixos.

Segundo os pangermanistas, todos pertenceriam a uma raça "ariana". Essa raça fictícia foi popularizada por escritos pseudocientíficos que deram base a estudos de eugenia e de darwinismo social. Nessas publicações, enfatizava-se a pretensa superioridade racial inata dos europeus de características nórdicas e condenava-se sua mistura com outras raças, "inferiores" – eslavos, latinos, judeus, entre outros. Também era sublinhada a necessidade do domínio de povos mais "fortes" sobre os mais "fracos". Estes estariam condenados, pela natureza, a se submeterem aos mais fortes, ou perecerem. Portanto, inevitavelmente, ao lado da celebração da germanidade, estava a distinção negativa dos "não arianos". O antissemitismo era destacado, pois os judeus alemães, diferentemente de outros povos não arianos, que residiam fora das fronteiras alemãs, viviam ao lado dos arianos, daí serem uma ameaça à pureza racial, pois poderiam "enfraquecer a raça". Uma "Grande Alemanha" forte deveria ser não apenas a comunidade de populações germânicas na Europa Central, mas também racialmente "pura". O pangermanismo e o racismo caminhavam juntos.

Dessa forma, esses vários tipos de propostas sociais e nacionais se apoiavam mutuamente. Segundo o pangermanismo, a "raça ariana", representada pelos povos germânicos e nórdicos, seria, por natureza, superior. O crescimento da "raça ariana" requeria um esforço de pureza racial. Uma vez consolidada sua pureza sobre um território, seria natural a expansão, bem como a unificação dessa Grande Alemanha para fora de seus limites fronteiriços, a começar pelos povos de origens germânicas do antigo Império Austro-Húngaro (o que incorporaria a Áustria e regiões germanizadas da Tchecoslováquia, Polônia, Países Bálticos e Dinamarca). Tal expansão geraria a necessidade de se conquistar um "espaço vital" (*Lebensraum*) em outros territórios, mais especificamente ao leste da Grande Alemanha. Os territórios da Polônia, Países Bálticos e União Soviética seriam os objetivos naturais dessa expansão.

Quando os nazistas tomaram o poder na Alemanha, essas ideias já estavam consolidadas em grupos políticos, intelectuais e militares alemães. O nazismo, portanto, não inventou o pangermanismo, mas o aperfeiçoou e possibilitou que se tornasse uma política de Estado. Pode-se dizer que o momento definidor da teoria pangermanista para a ação foi a reunião de Hitler com o Alto-Comando das Forças Armadas alemãs, em novembro de 1937, quando o Führer deixou claro que esse "espaço vital" deveria ser conseguido pela força, tarefa para a qual a Alemanha deveria estar preparada. O resumo das diretivas de Hitler nessa reunião está exposto no "Memorando Hossbach", documento redigido pelo general Friedrich Hossbach.

Com Hitler e seus comparsas liberados da prisão, o partido se movimentou para conquistar não apenas os votos no Parlamento, mas também propagar suas ideias e ampliar suas ações. A Crise de 1929 e o fim do fluxo de investimentos dos Estados Unidos para a Alemanha levaram o país à depressão econômica. Os receios da volta da inflação e do desemprego do início dos anos 1920 transformaram-se em pesadelos, e dois partidos com propostas completamente opostas passaram a disputar os eleitores alemães: o Partido Nazista e o Partido Comunista.

Temendo que os comunistas pudessem ascender ao poder pela via parlamentar, setores conservadores admitiram nomear Adolf Hitler como chanceler (primeiro-ministro) da Alemanha. Uma vez no poder, a partir de janeiro de 1933, o nazismo foi implacável para constituir uma ditadura que não admitia contestação. Hitler aproveitou o incêndio criminoso do Parlamento, em 27 de fevereiro de 1933, para acusar os comunistas de tentarem tomar o poder, e, no dia seguinte, milhares de comunistas foram presos. Seguiram-se decretos de fim da liberdade de expressão, de opinião, de reunião e de imprensa acompanhados pela proscrição de todos os partidos políticos. Em julho de 1933, já não havia outro partido na Alemanha além do Partido Nazista. Sem mais contestação ou oposição formal, o nazismo tomava o poder definitivamente. O que restava da República Democrática de Weimar foi extinto, junto com sua Constituição.

RUMO AO ABISMO

Na política externa, apesar dos acenos iniciais para uma "paz mundial", em outubro de 1933, Hitler retirou a Alemanha da Liga das Nações e da Conferência Internacional de Desarmamento. Os primeiros sinais de uma retomada da instabilidade nas relações europeias eram emitidos.

A partir de 1935, a Alemanha começou a recuperar parte do território que havia perdido no Tratado de Versalhes. Paralelamente à reincorporação do Saar (por meio de plebiscito), a Alemanha anunciava seu rearmamento. Como esperado por Hitler, as reações das outras potências foram apenas retóricas.

Sem se deparar com resistências significativas, em 7 de março de 1936, tropas alemãs entraram na Renânia desmilitarizada. França e Grã-Bretanha, sem vontade política para agir contra a Alemanha, acabaram por aceitar a reocupação da região pela Alemanha. A Liga das Nações nada fez.

Enquanto isso, em nome do combate ao comunismo, a Alemanha e outros governos de extrema direita se comprometiam em pactos diplomáticos, como o Pacto de Não Agressão Alemão-Polonês (1934), o Pacto Roma-Berlim, assinado em outubro de 1936, e o Pacto Anticomintern (Internacional Comunista), assinado por Alemanha e Japão em novembro do mesmo ano.

Outro evento de impacto mundial eclodiu em 1936: a Guerra Civil na Espanha. Hitler e Mussolini apoiaram abertamente, com armas, equipamentos e mesmo tropas de sua força aérea e exército, as forças falangistas, de extrema direita, lideradas pelo general Francisco Franco. Nessa guerra, foram testadas táticas, armas e equipamentos alemães e italianos. Com a vitória de Franco em 1939, Alemanha e Itália ganharam prestígio na luta contra o comunismo e acesso a matérias-primas estratégicas, como minério de ferro, cobre, zinco, estanho e mercúrio.

Em maio de 1937, Neville Chamberlain assumiu como primeiro-ministro na Grã-Bretanha. Na política externa, seus desafios eram gigantescos. Os comandantes das forças armadas britânicas alertavam para a incapacidade, naquele momento, de o país conseguir travar uma guerra prolongada e de grandes proporções. Assim, a política externa de Chamberlain apostaria nos esforços de "apaziguamento" da situação europeia.

Porém, essa não era uma posição consensual na Grã-Bretanha e na França. Havia lideranças políticas nos dois países que entendiam que fazer concessões a Hitler poderia levar a Europa a um caminho, sem volta, para a guerra que se queria tanto evitar. Mas havia poucas alternativas ao apaziguamento. Ou se apostava no apoio à Liga das Nações, sem capacidade de dissuadir países agressores a não usar a força, ou se criava uma grande aliança antifascista entre as nações, o que encontrava resistência de vastos setores internos nos países que enxergavam a política de frentes antifascistas como um domínio de comunistas.

Nos planos de Hitler estava a conquista do Leste entre 1943 e 1945. Antes, porém, Áustria e Tchecoslováquia deveriam ser tomadas e estava claro que a guerra seria o resultado natural dessas ações.

Na Áustria, país de origens germânicas e língua alemã, aumentavam as pressões para a anexação pelo Reich, particularmente de grupos nazistas dentro do país. Em 1934, em uma tentativa frustrada de golpe de Estado, esses grupos assassinaram o chanceler austríaco Engelbert Dollfuss, que se opunha à anexação. Nos anos seguintes, as pressões alemãs conseguiram que um novo governo, pró-nazista, convidasse a Alemanha a ocupar o país e consolidar a anexação. Assim, sem disparar um único tiro, a proibida união entre Áustria e Alemanha tornou-se realidade. França e Grã-Bretanha protestaram em vão.

O alvo seguinte da Alemanha de Hitler, a Tchecoslováquia, estava em perigo. Havia uma pressão muito grande, por parte dos alemães, sobre os Sudetos, região da Tchecoslováquia que recebeu o nome da cadeia de montanhas situada nas fronteiras entre este país, a Alemanha e a Polônia. Nessa região, havia uma minoria de habitantes germanófonos (mais ou menos um terço da população da região), que a propaganda nazista afirmava ser maltratada pelos tchecos. As pressões pela cessão dos Sudetos à Alemanha aumentaram, mas encontraram firme oposição do governo tchecoslovaco. Isso elevou o tom das ameaças de Hitler: se os tchecos não aceitassem abrir mão dos Sudetos, a Alemanha invadiria o país. Esse foi o sinal para que França, Inglaterra e União Soviética começassem a se mobilizar de verdade, para uma eventual guerra.

Neste ponto de evolução das tensões, por intermédio de Mussolini, foi convocada uma reunião entre as quatro potências (Alemanha, Grã-Bretanha, França e Itália), na cidade alemã de Munique, para decidir o destino dos Sudetos e da Tchecoslováquia. Esta não foi chamada à Conferência que decidiria pela divisão de seu país. Também foi notada a ausência de convite à União Soviética. As negociações começaram em 29 de setembro de 1938 e terminaram no dia seguinte, com a resolução de que os Sudetos deveriam ser incorporados à Alemanha em troca de não haver mais procura, pela Alemanha, de outras incorporações de territórios.

O Acordo de Munique foi então saudado como "uma vitória da paz". Nem todos, porém, acreditaram que a guerra seria evitada, e que a prática da extorsão internacional por ameaça de guerra seria encerrada com o Acordo. O governo da Tchecoslováquia protestou, em vão. E a população não alemã dos Sudetos, abandonada à sua sorte, logo percebeu que não seria tratada amistosamente no novo território do Reich.

Países vizinhos da Tchecoslováquia também aproveitaram sua desventura. Depois do Acordo de Munique, a Polônia ocupou a região de Teschen, na fronteira da Tchecoslováquia com seu país. De maneira análoga, a Hungria ocupou regiões fronteiriças do sul e sudeste da Eslováquia.

Em 15 de março de 1939, os receios dos críticos do Acordo de Munique se tornaram realidade: exércitos alemães invadiram as regiões de Boêmia e Morávia, e iniciaram a ocupação do que restava da Tchecoslováquia. A presa era valiosa demais para ser ignorada – a Tchecoslováquia possuía um parque fabril invejável, inclusive indústrias bélicas, matérias-primas estratégicas e riqueza entesourada que seriam utilíssimos para os planos de guerra da Alemanha. Pela primeira vez, a Alemanha nazista ocupava uma região não germanófona. E sua expansão do "espaço vital" estava apenas começando.

Nessa busca, o próximo alvo seria a Polônia. Em 21 de março de 1939, seis dias apenas depois de iniciar a invasão da Tchecoslováquia, os alemães tomaram Memel, na fronteira leste da Prússia e Lituânia. No mesmo dia, Hitler exigiu da Polônia a devolução de Danzig. O governo polonês recusou-se a qualquer conversação a respeito e, a partir de abril de 1939, os comandantes das forças armadas alemãs foram instruídos a se preparem para uma ação militar vigorosa e devastadora contra a Polônia.

Grá-Bretanha e França reiteraram garantias de apoio militar à Polônia, em caso de agressão não provocada. Mas o movimento em direção ao abismo da guerra já não podia mais ser contido. Em 7 de abril, forças italianas de Mussolini tomaram a Albânia, provocando preocupações na região dos Bálcãs, justamente onde havia começado a Primeira Guerra Mundial. Em face dessa escalada, a Grá-Bretanha anunciou a volta da conscrição de seus jovens.

As posições no tabuleiro já pareciam muito claras. De um lado a Alemanha, com movimentos agressivos em busca de seu "espaço vital", aliada à Itália, que queria projetar-se militarmente no Mediterrâneo. No campo oposto, Grá-Bretanha, França e Polônia, tentando assegurar uma fragilíssima paz, por meio de acordos de garantia de segurança. Faltava, neste jogo, a União Soviética. Quaisquer que fossem as pretensões de Hitler, elas tinham que levar em conta o maior pesadelo alemão em uma guerra europeia: a necessidade de combater em duas frentes. Portanto, nesse momento, conseguir o apoio ou a anuência da União Soviética era essencial, tanto para os alemães quanto para os Aliados que queriam evitar um conflito direto com a Alemanha.

O problema é que, politicamente, França e Grá-Bretanha não tinham a menor confiança nos soviéticos, e isso era recíproco. Os soviéticos não tinham sido convidados, em 1938, para a Conferência em Munique, mesmo possuindo acordos de garantias contra agressão com a Tchecoslováquia de mesma natureza que os franceses tinham com os tchecos. No entanto, apesar de pressões de políticos ingleses, como Winston Churchill, para uma aliança entre a Grá-Bretanha e a União Soviética, as negociações não evoluíam. Os poloneses também se opuseram fortemente à proposta dos soviéticos de, em caso de invasão alemã à Polônia, passarem com suas tropas por dentro do país para combater os alemães.

A oposição natural entre os fascismos, alemão e italiano, e o socialismo soviético tendia a afastar os dois regimes de modo aparentemente irreversível. No entanto, em meados de 1939, a União Soviética decidiu negociar com a Alemanha. O pragmatismo falou mais alto que as ideologias. Para os soviéticos, a possibilidade de se envolver numa guerra contra a Alemanha seria desastrosa naquele momento. Suas forças armadas estavam mal equipadas, mal treinadas e, principalmente, sem um corpo de oficiais superiores e generais capazes de conduzir minimamente o Exército Vermelho, pois os expurgos promovidos por Stalin nos dois anos anteriores desfalcaram suas forças em três quartos dos generais e coronéis. Era preciso ganhar tempo para se preparar para uma guerra de intensidade previsivelmente devastadora.

Os alemães queriam garantir que a guerra conduzida na Polônia fosse rápida e implacável. Suas forças armadas tinham mobilizado homens suficientes para invadir e combater forças polonesas e para se defender de um eventual ataque aliado da França, mas não conseguiriam fazer ao mesmo tempo frente às forças soviéticas, ainda que mais fracas e mal treinadas e equipadas. Por fim, os alemães apostavam que, sem o apoio soviético à Polônia e seus aliados, Grã-Bretanha e França não fariam guerra para salvar a Polônia. Assim, para a Alemanha, as vantagens de um acordo consistiam em "liberar" uma guerra contra a Polônia, sem recear a reação soviética, e, ao mesmo tempo, evitar uma aliança entre os soviéticos e os franceses e ingleses.

Assim, por incrível que pareça, a assinatura, em 23 de agosto de 1939, do pacto de não agressão entre Alemanha e União Soviética foi decorrência lógica de um cálculo estratégico. O pacto ofereceu ganhos para os dois países. Cláusulas secretas estipulavam a divisão da Polônia entre as duas potências. Esses arranjos foram complementados em acordo assinado em 28 de setembro do mesmo ano, que delimitou as esferas de influência alemãs e soviéticas na Polônia e nos países bálticos. Para a União Soviética, o pacto conferiu um espaço territorial precioso e uma oportunidade única de reconquistar áreas de litígio histórico com os poloneses, além de criar um espaço de segurança longe do seu território, que deveria ser percorrido pelos invasores (provavelmente os próprios) antes de atingir suas fronteiras originais. Um novo tratado, de 11 de fevereiro de 1940, definiu ainda que a União Soviética forneceria à Alemanha petróleo, matérias-primas e alimentos; e a contrapartida alemã seria o envio de máquinas e equipamentos militares para os soviéticos.

A notícia do Pacto Molotov-Ribbentrop (nomes dos dois ministros de Relações Exteriores da União Soviética e da Alemanha) cairia como uma bomba entre os franceses e os britânicos, bem como entre os movimentos comunistas e fascistas pelo mundo. Mas não houve muito tempo para espanto e protestos: oito dias depois, em 1º de setembro de 1939, a Alemanha invadia a Polônia e tinha início a Segunda Guerra Mundial na Europa.

AS CAUSAS DA GUERRA NO PACÍFICO

A maioria dos leitores apreensivos que folheavam os jornais ocidentais nos primeiros dias de setembro de 1939 não tinham a mais vaga noção de que aquilo que eles mais temiam – uma nova guerra mundial – já estava sendo travada havia dois anos, na China. Embora fosse protagonizada inicialmente por nações não ocidentais (Japão e China), suas inter-relações com os diversos imperialismos do Ocidente – Grã-Bretanha, Estados Unidos, França, Holanda e União Soviética – eram significativas, e logo conflitos de interesses mais amplos iriam se manifestar.

Na década de 1930, o Japão constituía, na Ásia, a maior ameaça e concorrência para os interesses imperialistas ocidentais. Mas nem sempre foi assim. Até meados do século XIX, o Japão era uma nação insular propositalmente isolada do mundo ocidental, dominada por uma oligarquia feudal descentralizada, tendo um chefe militar supremo, que dirigia a nação, e um imperador com pouco poder efetivo. No entanto, tal isolamento teve fim quando os portos foram abertos a navios estrangeiros, e a economia japonesa passou a ser integrada ao comércio mundial. Em reação aos acordos desvantajosos com o Ocidente, entre elites militares e civis, desenvolveu-se um nacionalismo agressivo contrário à dominação ocidental que levou à restauração do poder do imperador, em 1868. A partir de então, a modernização do Japão se efetuou com base no binômio "país rico, exército forte". Dirigindo o processo com mão de ferro, o Estado japonês contratou técnicos e engenheiros ocidentais para implantar novos sistemas de produção, bem como consultores militares para modernizar suas forças armadas. Além disso, a industrialização e a financeirização da economia japonesa foram extremamente concentradas em grandes corporações protegidas pelo Estado.

Em quatro décadas, o Japão se tornou uma potência na Ásia. Seus empresários estenderam suas conexões por todo o continente, principalmente Coreia e China. No entanto, a geografia não ajudava os japoneses. Apenas 20% do território japonês era cultivável; o Japão não tinha minérios essenciais para seu desenvolvimento e era dependente em fontes de energia, como o carvão mineral e o petróleo. Além disso, sua população estava em crescimento acelerado. Assim, a expansão territorial em busca dos recursos necessários ao crescimento do país passou a ser vista como essencial para os japoneses. Tal expansão tinha que ser econômica e militar.

A vitória militar japonesa contra o Império Russo em 1905 assegurou o domínio nipônico em partes disputadas com os russos e na Coreia. Setores privados japoneses dominaram ferrovias e a extração de minérios e outras riquezas na Manchúria chinesa, inclusive com tropas japonesas dentro do território chinês. Diante desse quadro, o Japão começou a ser visto como um concorrente indesejado por outras nações com interesses no domínio comercial e militar na Ásia.

Na Primeira Guerra Mundial, de olho em colônias asiáticas alemãs, o Japão lutara junto às nações aliadas. Nas negociações de Versalhes e nos demais tratados de pós-guerra, como o Tratado Naval de Washington, porém, os japoneses não conseguiram o que haviam planejado. Os acordos beneficiaram apenas os imperialismos ocidentais. Os círculos de militares nacionalistas japoneses ficaram enfurecidos e, juntamente com civis nacionalistas e expansionistas, iniciaram fortes campanhas contra as negociações com a diplomacia ocidental. Defendiam que o exercício da força seria a única solução para os problemas japoneses. Assim, não surpreende que uma unidade do Exército japonês na Manchúria tenha criado um "incidente militar" à revelia dos comandantes em Tóquio e do próprio imperador: essa unidade sabotou uma seção da linha ferroviária de propriedade japonesa, em Mukden, Manchúria, em setembro de 1931, e culpou os chineses por tal feito. Esse ato foi a deixa para uma invasão da Manchúria pelo Exército japonês, sua ocupação e criação de um Estado títere japonês, sob o nome de Manchukuo. As autoridades japonesas acabaram endossando as ações de seus militares. A China pediu ajuda à Liga das Nações que, impotente, somente recomendou a retirada japonesa do território. O Japão se manteve na Manchúria e saiu da Liga das Nações.

Contudo, os planos japoneses eram ainda mais ambiciosos que seus empreendimentos na Manchúria. Para resolver o problema de sua dependência em matérias-primas estratégicas e combustíveis, resolveram conquistá-los em outras regiões da China e entre as nações e colônias mais enfraquecidas, no sul e sudeste da Ásia. Essa expansão imperial seria eufemisticamente chamada de Zona de Coprosperidade asiática. Como tais regiões já eram colônias ou protetorados da Grã-Bretanha, França e Holanda ou estavam sob a proteção interessada de uma das maiores potências navais do mundo naquele momento, os Estados Unidos, somente ações militares de ataque e/ou dissuasão seriam capazes de fazer com que passassem para o domínio japonês.

A China foi o primeiro alvo. Em 7 de julho de 1937, iniciava-se a Segunda Guerra Mundial na Ásia. Em mais um incidente forjado, dessa vez a pretexto de responder a uma escaramuça de soldados chineses contra japoneses, perto de Pequim, o Japão invadiu a China. Os japoneses tomaram Pequim, Xangai e Nanquim, então capital chinesa, e bombardearam impiedosamente as cidades chinesas. Os exércitos chineses careciam de equipamentos, treinamento e boas lideranças, e o avanço japonês foi inevitável e violento.

Embora apenas em 1941 tenha sido autorizada pelo comando japonês a política dos "três tudos" (roubar tudo, destruir tudo, matar todos), as práticas dos invasores já anunciavam a violência destrutiva e letal dos seus exércitos. Em nenhuma ocasião esse comportamento feroz, da parte de oficiais e de soldados, foi tão visível quanto no ataque e ocupação de Nanquim, em dezembro de 1937. Após vencerem as forças chinesas que defendiam a cidade, as forças japonesas massacraram a população civil indefesa, numa das maiores barbáries da Segunda Guerra: calcula-se que morreram, numa orgia de estupros, assassinatos e saques, entre 200 e 300 mil pessoas.

Nos meses seguintes, iniciou-se a ocupação de vários pontos do território chinês. As iniquidades da ocupação japonesa na China se acentuaram e iam muito além da crueldade com prisioneiros de guerra. A "Unidade 731", criada e mantida supostamente para pesquisas em guerra bacteriológica e química, usava prisioneiros chineses e de outros povos como cobaias de experiências com bombas de antraz, produtos químicos tóxicos e outros patógenos. Experiências de vivissecção sem anestesia também foram realizadas, inclusive em mulheres e crianças. Ainda foram feitos testes para determinar quanto frio um ser humano seria capaz de resistir até morrer, ou até quanta pressão um indivíduo poderia aguentar sem que seus olhos saíssem das órbitas.

Outra iniquidade dos ocupantes japoneses foi a instituição da escravidão sexual de mulheres selecionadas, principalmente na China e na Coreia, para satisfazer os soldados japoneses, as chamadas "mulheres de conforto". Comandantes de unidades ou seus auxiliares escolhiam, em meio à população submetida, algumas jovens e até crianças para serem estupradas sistematicamente por dezenas de soldados, em postos organizados especialmente para essa finalidade.

O Ocidente reagiu à invasão e à ocupação japonesa na China, nem tanto pelas alegadas questões humanitárias, mas por seus próprios interesses geopolíticos. Para combater os japoneses, as forças chinesas, mal armadas e equipadas, começaram a receber, através da Indochina francesa, recursos e armas vindos dos Estados Unidos e da Grã-Bretanha. Também foram enviados, pela vizinha União Soviética, recursos financeiros e centenas de aviões para as forças chinesas. Mas não foi suficiente. O Japão conseguiu ocupar toda a Manchúria e partes importantes da China.

A ocupação japonesa na China, contudo, representou um custo altíssimo. A imensidão do território chinês, as longas distâncias para as linhas de suprimentos, a necessidade de empregar contingentes cada vez maiores de soldados, tudo isso cobrou seu preço aos japoneses. O número de homens empregados nessas forças armadas chegou a 1 milhão, que tinham que ser mantidos e equipados para um eventual conflito com chineses ou mesmo com soviéticos, nas fronteiras ao norte da Manchúria. Desprezados pela historiografia ocidental, os eventos da guerra na China somente são menores, em perdas humanas, se comparados aos da guerra no Leste Europeu. Calcula-se que, até o final da guerra, em 1945, 10 milhões de chineses tenham morrido em decorrência do conflito. O lado japonês também sofreu com a guerra. Nessa campanha, entre 1937 e 1945, os japoneses empregaram recursos materiais e humanos de que não poderiam dispor sem sacrifícios brutais à sociedade e à economia do país, e amargaram entre 400 mil e 500 mil mortos.

O mundo passou a prestar atenção à guerra na China e à expansão japonesa, antes que a guerra na Europa fosse travada. Os Estados Unidos protestaram veementemente e ameaçaram com sanções, exigindo o fim da ocupação japonesa na China. Mas não conseguiram demover o Império Japonês em sua voracidade por novos territórios.

Entre os territórios cobiçados, estava a região que compreendia a Manchúria e a Mongólia, que fazia extensa fronteira com a União Soviética. Sua ocupação pelos japoneses colocava os soviéticos em alerta. Em agosto de 1937, no início da guerra sino-japonesa, representantes da China e da União Soviética assinaram um Pacto de Não Agressão.

A Mongólia, território vizinho à Manchúria e à União Soviética, era comunista e aliada da União Soviética. Havia um conflito por fronteiras mal definidas, entre a Mongólia e Manchukuo, em torno dos territórios a sul e norte do rio Khalkhin Gol. Em 12 de maio de 1939, unidades de cavalaria da Mongólia atravessaram o rio e estacionaram no vilarejo de Nomonhan. As forças japonesas atacaram os mongóis, expulsando-os da região. Não satisfeitas, avançaram em direção ao território soviético, organizando ataques aéreos e ocupando o território disputado, uma faixa de aproximadamente 25 km de distância entre Nomonhan e o rio Khalkhin Gol.

Os soviéticos não contra-atacaram na hora. Demoraram algumas semanas para acumular forças para um ataque devastador, apoiado pelos mongóis, em 20 de agosto de 1939. Em 16 de setembro de 1939, os combates chegaram ao fim, com os japoneses implacavelmente derrotados, amargando 40 mil mortos. Curiosamente, esses combates não foram muito divulgados, nem por vencedores nem por vencidos.

Suas consequências, contudo, foram imensas. Do lado soviético, a invasão à Polônia somente se iniciou quando a vitória na fronteira manchuriano-mongólica estava decidida, ou seja, no dia seguinte à capitulação japonesa. Stalin não abriu mão de lutar em uma só frente.

Do lado japonês, as consequências foram ainda mais decisivas. Elas resolveram, de modo drástico, o dilema estratégico que se colocava para as lideranças nipônicas ao perceberem que a ocupação da China não era suficiente para resolver os problemas do Império Japonês. Ficou claro que o esforço de guerra em territórios e mares longe do Japão exigia quantidades descomunais de combustível, minerais estratégicos, borracha etc. O fracasso militar do exército contra os soviéticos na fronteira manchuriana acabou dando razão à Marinha imperial, que planejava a expansão japonesa no sul, na China, Indochina francesa, Índias holandesas e colônias britânicas.

Em setembro de 1940, os eventos na Europa facilitaram as ações dos japoneses na Ásia. A queda da França para a Alemanha deixou suas colônias africanas e asiáticas vulneráveis às ações de outras potências. O Japão se aproveitou e ocupou a Indochina francesa, atuais Vietnã e Laos. A ocupação tinha dupla finalidade: uma era cortar o fluxo de armas e suprimentos americanos e britânicos para as forças chinesas através da ferrovia que ligava a Indochina à China, restando aos chineses apenas a rota da Birmânia; a outra era proporcionar uma base segura para uma futura expansão japonesa no sul e sudeste asiático. Faltava, porém, eliminar ou neutralizar o maior obstáculo à Zona de Coprosperidade asiática: os Estados Unidos.

Os planos japoneses foram feitos então de modo a enfraquecer temporariamente as forças dos Aliados, especialmente as dos Estados Unidos, no oceano Pacífico. Os ataques a serem desferidos deveriam ser tão destrutivos à Marinha de Guerra americana, que atrasariam sua reação, enquanto o Japão se ocuparia da Ásia. Além do ataque à Marinha americana, os japoneses deveriam fazer ataques rápidos e devastadores para conquistar áreas no sul e sudeste da Ásia. Sua expectativa era a de que tais ataques forçariam os Estados Unidos a reconhecer a hegemonia japonesa na Ásia: um Japão detentor de acesso às matérias-primas estratégicas no Pacífico, cada vez mais forte, e forças americanas e britânicas enfraquecidas depois dos ataques relâmpagos em suas bases militares. A sorte seria lançada em dezembro de 1941.

LEITURAS COMPLEMENTARES

HENIG, Ruth. *Origens da Segunda Guerra Mundial*. São Paulo: Ática, 1991.

KERSHAW, Ian. *De volta do inferno*: Europa, 1914-1949. São Paulo: Companhia das Letras, 2016.

MARGOLIN, Jean-Louis. Guerra Sino-Japonesa (1937-1945). In: HECHT, Emmanuel; SERVENT, Pierre (orgs.). *O século de sangue, 1914-2014*: as vinte guerras que mudaram o mundo. São Paulo: Contexto, 2015, pp. 47-59.

OVERY, Richard. *1939*: contagem regressiva para a guerra. Rio de Janeiro: Record, 2009.

SALINAS, Samuel Sérgio. *Antes da tormenta*: origens da Segunda Guerra Mundial, 1919-1939. Campinas: Editora da Unicamp, 1996.

TAYLOR, A. J. P. *A Segunda Guerra Mundial*. Rio de Janeiro: Zahar, 1979.

SUGESTÕES DE FILMES DE FICÇÃO E DOCUMENTÁRIOS

A SEGUNDA GUERRA EM CORES. Ep. A tempestade se aproxima. Roteiro de Jonathan Martin. Reino Unido. Série de documentário de TV, 2009. Legendado.

MUNIQUE: no limite da guerra. Direção de Christian Schwochow. Reino Unido/EUA, 2021.

Uma guerra europeia

1939 – A GUERRA COMEÇA NA EUROPA

Enquanto na Ásia japoneses e soviéticos lutavam ferozmente nas fronteiras do rio Khalkhin Gol, a Alemanha finalizava os preparativos para a invasão na Europa: 1,5 milhão de soldados em 60 divisões de exército, 5 das quais divisões Panzers (cada uma composta por centenas de tanques, infantaria motorizada e artilharia autopropulsada), bem como o deslocamento de 3 milhões de animais de tração. Para apoio ao exército em terra e para ações próprias, se alinharam 3.600 aeronaves de combate e consideráveis forças da Marinha alemã. Na Alemanha, ainda ficaram 40 divisões, de capacidade combativa menor, para dissuadir a possibilidade de ataques da França na fronteira oeste.

O contraste com as potencialidades bélicas da Polônia era brutal. Para sua defesa, a Polônia tinha 1,3 milhão de homens, em

37 divisões de exército. Em veículos blindados, a Alemanha superava a Polônia na proporção de quase 5:1.

Não eram apenas números assombrosos. As forças armadas alemãs tinham equipamento moderno, e soldados e oficiais bem treinados. Isso era necessário, pois o tipo de guerra que se praticaria, a guerra relâmpago (*Blitzkrieg*), exigia equipamentos excelentes, combatentes treinados e grande cooperação e sinergia entre as forças armadas e serviços. Nesse tipo de guerra, as forças blindadas e a aviação avançavam com velocidade à frente, atacavam os pontos frágeis do inimigo, cortavam suas linhas de reforços e abriam caminho para a infantaria e a artilharia.

Os poloneses não sabiam quando, nem onde, nem como os alemães atacariam. Assim, os comandantes militares poloneses dispuseram suas forças espalhadas nos mais de 2.800 km de fronteira com a Alemanha e nas regiões de maior produção industrial. Divisões de infantaria que poderiam defender, no máximo, uma faixa de 3 ou 4 km teriam que proteger territórios de mais de 20 km de extensão. Restava esperar a ajuda dos Aliados, confiando nos tratados com a França e a Grã-Bretanha.

O plano para a invasão da Polônia recebeu o nome de *Fall Weiss* (Plano Branco) e foi elaborado pelos oficiais de Estado-Maior do Exército alemão: ataque em pinças, em duas formações (ao norte, com dois grupos de exércitos, e ao sul, com um grupo de exército). Pelo norte, os objetivos iniciais eram garantir a ocupação de Danzig, do "corredor polonês" e avançar, em duas alas, em direção à Varsóvia. Pelo sul, avançariam em direção à Varsóvia e ao leste. A ideia era ocupar a maior área possível da Polônia. Em termos estratégicos, o Plano Branco foi uma combinação de avanços tradicionais de infantaria, apoiada por blindados, artilharia e força aérea, com unidades praticando a guerra relâmpago. A Polônia tinha poucas boas estradas e muitos lagos e florestas, o que poderia obstaculizar os avanços dos blindados em certas circunstâncias.

Mapa 2 – Invasão da Polônia – 1939

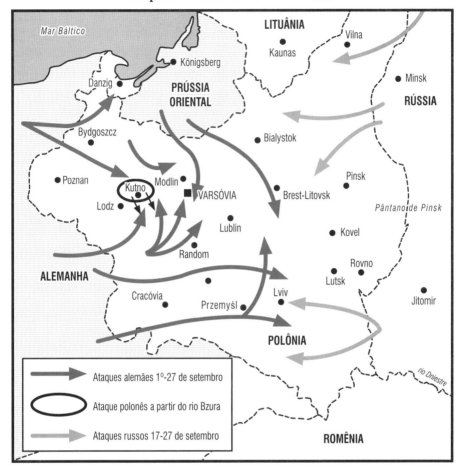

Primeiros tiros

Assim como ocorreu na Ásia, também na Europa a Segunda Guerra Mundial começou com uma farsa. Às 4h30 da madrugada de 1º de setembro de 1939, em uma operação do Exército alemão, alguns presidiários alemães dopados e vestidos com uniforme do Exército polonês foram levados até a fronteira e abatidos a tiros. Simulou-se um ataque a uma estação alemã de rádio nas redondezas, e mensagens forjadas de agressão polonesa foram emitidas. Com tal "prova" da hostilidade polonesa em relação à Alemanha, a invasão teve início.

Grã-Bretanha e França, que tinham se comprometido com a Polônia a apoiá-la em uma eventual guerra contra a Alemanha, emitiram um ultimato a Hitler, exigindo a retirada das tropas alemãs na Polônia. Sem qualquer resposta alemã, declararam guerra em 3 de setembro. O que quase todos na Europa temiam, mesmo na Alemanha, tinha acontecido: começava uma Segunda Grande Guerra, que prometia ser muito pior que a anterior.

Mesmo tíbias, as atitudes dos Aliados ocidentais surpreenderam Hitler. Ele não esperava a declaração de guerra, imaginando um outro recuo das duas nações, como havia ocorrido na crise com a Tchecoslováquia, um ano antes. Alguns oficiais-generais do comando das forças armadas alemãs ficaram apreensivos. As semanas seguintes mostrariam, contudo, que não deviam se preocupar com as duas potências. Grã-Bretanha e França esperavam que, com a declaração de guerra, Hitler fosse derrubado pelo próprio povo ou pelos militares, o que não aconteceu. Na verdade, nem França nem Inglaterra queriam lutar. A Polônia, que planejava resistir por duas semanas até que a ajuda prometida pela França chegasse, acabou lutando sozinha.

Os primeiros dias de guerra foram devastadores para a Polônia. Enquanto os blindados e as forças de infantaria avançavam rapidamente pelo interior do país, a força aérea alemã, a Luftwaffe, destruía a capacidade de reação polonesa, ao bombardear seus aeródromos, os aviões ainda no solo, hangares, depósitos de combustível, ferrovias e comunicações terrestres.

O primeiro objetivo, a cidade livre de Danzig, foi atingido em menos de dois dias. Contudo, o objetivo maior da invasão era conquistar o máximo possível de territórios na Polônia, que deveriam servir a três propósitos: abrigar a "raça superior" ariana, oferecer mão de obra forçada abundante dos "sub-humanos" eslavos e servir de escala estratégica na conquista de outros territórios mais a leste, especialmente as férteis terras da Ucrânia, então parte da União Soviética.

Apesar da resistência polonesa, os avanços foram rápidos. Os poloneses tinham deficiências estruturais em seu exército, especialmente as comunicações. Os seus oponentes, ao contrário, se comunicavam com eficiência por rádio, e coordenavam suas unidades rapidamente, solucionando problemas que surgiam no calor da batalha.

Devastada pelo ataque alemão, sem auxílio prometido pelas potências, a Polônia sofreu o golpe definitivo em 17 de setembro. Nas fronteiras do leste, as tropas da União Soviética avançaram, tal como acordado secretamente no Pacto Molotov-Ribbentrop. O argumento usado pelos soviéticos para a invasão foi o de que, uma vez que não havia mais governo na Polônia, suas tropas iriam proteger os bielo-russos e ucranianos que viviam nesse país e nas regiões vizinhas. As poucas unidades de Exército polonês que não estavam engajadas contra os alemães não conseguiram se defender desse ataque. Os soviéticos empregaram 460 mil homens do Exército Vermelho para a invasão. O espaço aéreo foi dominado exclusivamente pelos soviéticos, com seus 2 mil aviões, já que a aviação polonesa havia sido destruída pelos alemães. Quando avançou, o Exército Vermelho atingiu facilmente a linha previamente acertada com a Alemanha. O encontro das duas forças agressoras aconteceu em Brest-Litovsk. Completamente envolvida pelas forças alemãs, sem esperanças no leste, Varsóvia, apesar das resistências, capitula em 28 de setembro.

Com o encontro entre os dois exércitos, foram feitas algumas alterações no tratado germano-soviético. Territórios poloneses que, pelo tratado, seriam da União Soviética, foram ocupados pela Alemanha. Em compensação, a Lituânia, país báltico que fazia fronteira com a Polônia, foi concedida aos soviéticos. Alemães étnicos que viviam no território polonês ocupado pelos soviéticos foram transferidos para a área alemã. A Alemanha teve acesso a grãos, minérios e petróleo da União Soviética. E os soviéticos tiveram a porta aberta para se impor sobre os Estados bálticos. No lado soviético da Polônia, massas de poloneses foram transferidas para trabalhos forçados na União Soviética. Aos vencidos poloneses, só restava sobreviver nos escombros de um país que se desintegrava.

Ocupação

Quando a ordem de cessar-fogo é emitida pelos comandantes, a guerra acaba para aqueles que a combatem. Para as populações civis, no entanto, a situação é diferente. Logo aprendem que o conflito nunca termina e os efeitos das ocupações podem ser tão ou mais terríveis quanto a guerra em si. No caso da Polônia ocupada, o pós-guerra foi mais cruel e assassino que os combates.

Antes da invasão, Hitler havia dito a seus generais: a Polônia seria despovoada e colonizada por alemães, não importando se para isso as forças armadas tivessem de matar indiscriminadamente partes da população polonesa. Anos de propaganda sobre maus-tratos que os alemães étnicos sofriam na Polônia, sobre a superioridade da raça ariana, sobre seu merecimento natural na conquista de territórios para sua expansão, bem como sobre a inferioridade de judeus, eslavos e outros povos não germânicos, ajudaram a convencer o soldado comum de que sua causa era justa e de que o inimigo era desprezível, odioso e traiçoeiro. Seu desprezo pelos poloneses, especialmente os judeus, era enorme.

As ações das forças alemãs na Polônia foram particularmente destrutivas. Após esmagar os combatentes poloneses, a força aérea alemã bombardeou cidades, inclusive com bombas incendiárias. Soldados da infantaria não pouparam nem mesmo a população das aldeias. Maus-tratos, violências, roubos e estupros eram comuns por onde passavam os alemães. O mais chocante da Campanha da Polônia foi o assassinato indiscriminado de civis desarmados. No imediato pós-guerra, predominaria a narrativa de que os perpetradores dos massacres eram membros da ss (*Schutzstaffel,* "tropa de proteção" de Hitler antes da guerra e espécie de tropa de elite do nazismo na guerra) e das suas forças-tarefa (*Einsatzgruppen,* que funcionavam como esquadrões da morte). No entanto, essa é uma meia-verdade. Uma parte significativa dos oficiais e soldados do Exército alemão participou dessas ações. O próprio comandante em chefe alemão, Hitler, anistiou as tropas que mataram prisioneiros e civis na Campanha da Polônia.

Seguindo os exércitos alemães, vieram as unidades de polícia (*Ordnungspolizei*) que instalaram a ordem nazista nas áreas ocupadas. Podemos dizer que a campanha polonesa foi a primeira experiência da guerra racial empreendida pelo regime nazista. Nacionalistas e judeus eram os principais alvos das prisões e execuções. Quarenta e cinco mil civis supostamente "inimigos" foram simplesmente fuzilados, assim como internos de hospícios e prisões. Aristocratas, juízes, jornalistas, professores, padres católicos, qualquer pessoa que pudesse significar uma liderança polonesa, também foram duramente perseguidos, capturados e frequentemente mortos. A elite intelectual do país foi eliminada, tanto quanto possível. Escolas e universidades foram fechadas; só restou a educação básica.

OPERAÇÃO EUTANÁSIA: O INÍCIO DO EXTERMÍNIO SISTEMÁTICO DE VÍTIMAS DO NAZISMO

No mesmo dia em que o mundo prendia a respiração com a invasão da Polônia, iniciou-se na Alemanha a "operação Eutanásia", que tinha sua sede no número 4 de uma rua de Berlim, a Thiergartenstrasse. Daí o código de "T-4" para a operação que consistia no extermínio de pessoas com algum tipo de deficiência física e mental na Alemanha, a princípio, e nos territórios ocupados posteriormente na Polônia e na União Soviética. A irrupção da guerra e o início "oficial" do programa não foi mera coincidência. Hitler, em 1935, já comentara com seus assessores sobre o planejamento do assassinato sistemático dos doentes mentais e incapazes físicos congênitos. Mas esperou a guerra começar, para que as atenções da população não se voltassem para o destino do grupo descrito como o de pessoas com "vidas indignas de serem vividas".

Em meados de 1939, equipes médicas já registravam, selecionavam, concentravam e transportavam os doentes, crianças e adultos, para hospitais especiais, supostamente para "tratamento" das doenças físicas e mentais. Nesses hospitais, comissões de médicos apoiadores do programa T-4 escolhiam quem deveria viver ou morrer. Por ordem secreta escrita por Hitler, na véspera da invasão da Polônia, as equipes médicas do T-4 estariam isentas de responder na Justiça pelos atos da operação. Os assassinatos, então, começaram. Crianças eram mortas com injeções letais ou deixadas com rações alimentares insuficientes, perecendo por inanição. A maioria dos adultos foi morta em câmaras de gás (monóxido de carbono), constituindo-se na experiência original para o assassínio em alta escala que seria aperfeiçoado nos campos de extermínio durante o processo da "Solução Final". As famílias, depois de um tempo, recebiam carta informando o falecimento de seus parentes, "por doenças naturais" (ataque cardíaco, doenças respiratórias etc.), e o que supostamente seriam suas cinzas.

Apesar do caráter secreto do T-4, os objetivos e procedimentos do programa não puderam ser escondidos. Alguns religiosos romperam o silêncio e protestaram publicamente contra o assassínio em massa. As denúncias mais notórias foram lideradas pelo bispo de Münster, Clemens August von Galen. Com a repercussão negativa das revelações, a operação foi oficialmente interrompida em agosto de 1941. Naquele momento, 70 mil doentes já haviam sido exterminados na Alemanha. No entanto, nos meses e anos posteriores, de maneira velada, os internados continuaram sendo mortos na Alemanha, em quantidade e ritmo menor.

A operação ultrapassou as fronteiras. Na Polônia ocupada e, posteriormente, na campanha russa, as ações do T-4 continuaram, mas sem sutilezas nem disfarces: os doentes mentais e internados em asilos eram fuzilados pelos soldados da SS. Ciganos e prostitutas tiveram a mesma sorte.

Parte dos especialistas do T-4 foi transferida para as frentes de combate e ocupação do leste, onde auxiliaram na montagem da estrutura para a "Solução Final", inclusive nas experiências de extermínio em grandes quantidades de pessoas, aperfeiçoando a construção e o funcionamento de câmaras de gás, por exemplo. Ao fim da guerra, estima-se que aproximadamente 250 mil pessoas tenham sido assassinadas pelo T-4, também conhecida como "operação Eutanásia".

As primeiras vítimas do extermínio em massa perpetrado pelos nazistas foram alemães que não se encaixavam nos critérios de força racial estabelecidos pelo regime. Em seguida, o massacre se estendeu a vários ouros grupos de seres humanos, assassinados sistematicamente pelas forças nazistas no Leste Europeu, particularmente os judeus.

Nas áreas incorporadas pelos alemães, foi executado um programa de limpeza étnica que abriria caminho para a germanização desses territórios. Prédios, instalações e propriedades rurais vagas com as remoções dos judeus foram ocupados por famílias alemãs, da própria Polônia, ou vindas da Alemanha.

Nos territórios poloneses mais a leste, que não foram incorporados diretamente ao Reich, as ações contra poloneses e judeus acabaram sendo ainda mais radicais. Os funcionários do Reich nesses locais atuaram para eliminar tanto quanto possível qualquer tipo de elite, intelectual, econômica ou militar. Os poloneses que não estavam nas categorias de elite passaram a ser tratados como sub-humanos e levados a fazer trabalhos forçados. Judeus poupados dos fuzilamentos foram reunidos em guetos – em condições insalubres, submetidos a fome, frio e todo tipo de doenças –, onde a mortalidade era altíssima. Embora o que seria chamado de "programa de aniquilação total" dos judeus não tivesse ainda sido desencadeado em 1939-1940, a transferência dos judeus para os guetos foi um passo seguro no sentido de exterminá-los. Com o passar dos anos, os guetos foram esvaziados: os judeus que restavam neles foram reencaminhados para campos de concentração e de extermínio.

Os crimes contra a humanidade na Polônia ocupada não foram exclusividade germânica. As elites que escaparam da morte sob a jurisdição alemã não encontraram melhor destino sob a ocupação no lado soviético. Pelo contrário, centenas de milhares de poloneses foram deportados para a União Soviética. Alguns de seus membros tiveram destino mais cruel: foram executados em massa, em Katyn e em outros lugares.

O MASSACRE DE KATYN

Entre abril e maio de 1940, na Polônia de ocupação soviética, mais de 20 mil membros das elites polonesas, a maior parte deles oficiais das forças armadas do país, foram executados por membros do Comissariado do Povo para Assuntos Internos da União Soviética (NKVD). A maioria das execuções ocorreu na floresta de Katyn, na União Soviética, mas também houve tais assassínios em massa em outros lugares, como nas prisões de Karkov e Kalinin.

As perseguições e ações contra as elites polonesas durante o período de ocupação alemã e soviética foram frequentes, inclusive com execuções sumárias, mas nada se igualou a essa execução em massa sancionada diretamente pela cúpula de poder soviética. As vítimas tinham sido aprisionadas durante o processo de ocupação do leste da Polônia pelo Exército Vermelho. Inicialmente, seriam deportadas para campos de prisioneiros ou de trabalhos forçados na União Soviética. Entre elas, além dos militares regulares, havia oficiais da reserva, em sua maioria de outras profissões, como professores universitários, engenheiros, cientistas, advogados etc. O NKVD concluiu, contudo, que o grupo aprisionado seria um risco para o domínio soviético na Polônia, e definiu que os prisioneiros considerados "perigosos" deveriam ser executados. Ao final, apenas algumas centenas dos prisioneiros naquelas condições foram poupados.

As execuções se davam em grupos pequenos de prisioneiros, que eram levados aos locais de execução onde recebiam um tiro na nuca, sendo jogados e enterrados em valas comuns. Tais valas foram encontradas por poloneses em 1943, e o achado foi relatado às forças alemãs, em seu movimento de recuo na campanha russa. Imediatamente, a Wehrmacht denunciou o massacre. No entanto, por conta das desconfianças em relação às informações e à propaganda dos nazistas, bem como da negação peremptória da cúpula governante da União Soviética, que acusou as forças armadas alemãs de terem cometido ato tão condenável, durante muito tempo o massacre foi atribuído aos alemães. A autoria soviética do massacre somente foi reconhecida oficialmente em 1990, pelo *premier* soviético Mikhail Gorbachev.

Balanço dos combates na Polônia

Quando a guerra começou, a Polônia tinha 30 milhões de habitantes. Seis milhões deles morreriam. Desses, 3 milhões eram poloneses judeus, os outros 3 milhões eram cristãos. A esmagadora maioria das vítimas não morreu em decorrência de combates, mas de massacres ou de privações a que foram submetidas pelos ocupantes. Não há como negar o caráter terrível da guerra para a população polonesa.

Esses números brutais levam a crer em uma vitória acachapante de alemães e soviéticos. Contudo, do ponto de vista militar, para os agressores, a Campanha da Polônia foi mais difícil do que pode parecer. Embora carecesse de armamento e equipamentos modernos, o Exército polonês resistiu com tenacidade. Essa resistência notável geraria inclusive lendas sem comprovação, como as dos lanceiros da cavalaria investindo de peito aberto contra tanques alemães.

Além disso, diferentemente de todos os países invadidos e submetidos à ocupação da Alemanha, os poloneses não colaboraram com seus algozes. Houve várias formas de resistência armada. Alguns conseguiram fugir para os países aliados, e ofereceram aos britânicos seus serviços e conhecimentos, como o caso de pilotos da força aérea e dos criptógrafos. Nos guetos, os judeus poloneses se auto-organizaram, dentro do possível, de modo a fazer a vida cotidiana menos insuportável e mortal. Essa auto-organização foi uma das bases para os levantes do Gueto de Varsóvia, em 1943, e os da cidade de Varsóvia em 1944, barbaramente reprimidos.

Guerra na Finlândia

Historicamente, as relações entre Finlândia e União Soviética sempre foram difíceis. Até o início do século xx, a Finlândia era um Estado autônomo, mas subordinado ao Império Russo. Em 1917, em meio à Revolução Russa, os finlandeses declararam a independência do país. A "perda" da Finlândia nunca foi digerida pelos líderes soviéticos.

A cidade de Leningrado (antiga São Petersburgo) distava apenas 150 km da fronteira finlandesa, e seu acesso se dava pelo Golfo da Finlândia. Portanto, controlar a Finlândia era visto como algo de grande importância estratégica para os soviéticos, especialmente porque Stalin queria proteger Leningrado de possíveis ataques alemães. Assim, finalizados os combates na Polônia, as pressões soviéticas avançaram sobre os Estados bálticos, Lituânia, Letônia e Estônia – que durante a Revolução Russa também haviam se tornado independentes. Em junho de 1940, esses Estados acabaram anexados à União Soviética. Os soviéticos procuraram enquadrar a Finlândia nesse domínio com propostas de apropriação de alguns territórios e cessão de outros. Mas os finlandeses resistiram.

Imaginando uma vitória fácil como tinha sido na Polônia, em 30 de novembro de 1939, a União Soviética bombardeou Helsinque e invadiu a Finlândia. As forças russas eram compostas de mais de 1 milhão de soldados, de 1.500 tanques e 3 mil aviões. Para defender a Finlândia, o antigo herói de guerra, general Carl Mannerheim, assumiu a liderança de 150 mil homens, boa parte deles reservistas muito jovens, 30 carros de combate e 130 aviões.

A resistência finlandesa surpreendeu a todos. Os finlandeses se defenderam utilizando trincheiras e *bunkers* construídos em uma linha fronteiriça à União Soviética. Aproveitando o inverno rigoroso, fizeram uso da vegetação densa de florestas, de armadilhas em lagos congelados, bem como de campos minados plantados nos caminhos pelos quais passariam os soviéticos. E transformaram a vitória fácil e rápida esperada pelo Exército Vermelho em um pesadelo gelado. Em vez de combaterem frontalmente, os finlandeses atacavam secções do Exército Vermelho, interrompendo suas linhas de comunicações e suprimentos. Quando os soviéticos procuraram suprimentos em fazendas e vilarejos, nada encontraram, a não ser paióis, celeiros e armazéns destruídos pelos próprios finlandeses.

Por incrível que pareça, entre 1939 e 1940, os soviéticos não estavam preparados para a guerra em inverno rigoroso. Suas armas falhavam no frio extremo, seus tanques ficavam inoperantes quando o combustível congelava. As forças russas não tinham roupas de frio suficientes, tampouco roupas camufladas na neve. Sua mobilidade em campos nevados espessos era muito pequena, o que contrastava com seus inimigos, que se movimentavam rapidamente com esquis e eram capazes de emboscar as unidades soviéticas. Nessas emboscadas, foi feito largo uso, contra tropas e tripulação de blindados, de armas improvisadas, como uma granada de mão antitanque, composta com TNT, e a mais famosa das armas caseiras, o "Coquetel Molotov", uma "homenagem" ao ministro das Relações Exteriores da União Soviética. Embora o tenham popularizado, os finlandeses não o inventaram: um dispositivo semelhante já tinha sido usado na Guerra Civil Espanhola.

A taxa de mortalidade dos soviéticos invasores (200 mil baixas fatais, ao fim dos combates) foi muito maior que a dos defensores finlandeses (25 mil mortos). Frente a tais resultados, Stalin mudou o comando das forças na Finlândia. Como consequência desses reveses humilhantes, algumas lições foram aprendidas. Novas armas e equipamentos, mais adequados ao inverno, foram encaminhados à Finlândia. Táticas com uso mais intensivo de artilharia, em apoio à infantaria, também passaram a ser empregadas. Para combates futuros, os planejadores do Exército Vermelho procurariam desenvolver e fabricar armas e equipamentos adaptáveis a ambientes e tipos de guerra diferentes.

A vitória sorriu ao final para a União Soviética, porque sua disponibilidade de homens para combate ultrapassou a capacidade finlandesa de matá-los ou neutralizá-los. Como um combatente local observou: "havia mais russos do que os projéteis que tínhamos". Em fevereiro de 1940, a União Soviética avançou vitoriosamente na Finlândia. Em março de 1940, foi assinado o Tratado de Moscou, que selou a paz e fez com que a Finlândia perdesse 10% de seu território.

A curta, mas intensa, guerra entre União Soviética e Finlândia teria consequências importantes em eventos posteriores. A humilhação que o Exército Vermelho sofreu deixou uma imagem de fragilidade militar soviética que iludiu Hitler, para quem uma futura campanha na Rússia seria vencida com facilidade e rapidez.

Devido aos combates com os soviéticos, houve um corte no fornecimento de minerais estratégicos finlandeses importantes para o esforço de guerra germânico, como o cobre e o níquel. A outra consequência desse conflito específico foi chamar a atenção de Inglaterra e França para a possibilidade de dominarem os portos de saída dos minérios escandinavos. Isso seria desastroso para a Alemanha, pois a Suécia, embora neutra, fornecia minério de ferro e outros materiais siderúrgicos para o Reich. No inverno, os portos suecos do mar Báltico ficavam impraticáveis por causa do gelo. A produção mineral sueca era então direcionada aos portos noruegueses, principalmente Narvik, ao norte do país.

Guerra na Noruega

Em virtude da importância estratégica da Noruega, Alemanha e Grã-Bretanha planejaram a invasão desse país até então neutro. Do lado alemão, a ocupação da Noruega garantiria o fluxo de minerais escandinavos para sua indústria pesada; os alemães ainda poderiam utilizar os portos noruegueses como base para ataques à Grã-Bretanha. Para os britânicos, além de fechar os portos noruegueses para o esforço de guerra germânico, dominar aquela região do mar do Norte significava defender-se contra futuras investidas alemãs.

Para os dois maiores interessados em invadir a Noruega, foi uma corrida contra o tempo. Os alemães saíram em vantagem: em 9 de abril de 1940, ocorreu o desembarque alemão nas cidades portuárias norueguesas de Narvik, Trondheim, Kristiansand e Bergen. Com exceção da capital, Oslo, a ocupação alemã se desenvolveu sem problemas. Na Dinamarca, a invasão alemã ocorreu de forma ainda mais tranquila.

Os problemas para os alemães começaram na volta das embarcações para suas bases nacionais. A Marinha Real britânica, que se direcionou para o mar do Norte, conseguiu afundar parte significativa das embarcações alemãs, inclusive navios petroleiros e de transporte de tropas, nas cercanias de Narvik. Na terceira semana de abril, os Aliados desembarcaram tropas em Narvik e tomaram as posições dos alemães, mas tiveram que se retirar em maio de 1940, em apoio aos combates que estavam ocorrendo na França. Não houve, portanto, vencedores.

A Campanha da Noruega seria sentida como uma derrota para os Aliados. Com os reveses militares, o primeiro-ministro britânico, Neville Chamberlain, se afastou do cargo, e a liderança do país na guerra e na paz foi para as mãos de um político mais belicoso e ousado, Winston Churchill. Os alemães também não tinham muito o que comemorar, além da manutenção do fluxo de minérios escandinavos. Sua Marinha de Guerra havia sido severamente desfalcada.

LEITURAS COMPLEMENTARES

Evans, Richard J. Bestas em forma humana. In: _____. *O Terceiro Reich em guerra*. 2. ed. São Paulo: Planeta, 2014, pp. 21-135.

Masson, Philippe. Forças e fraquezas da Blitzkrieg. In: _____. *A Segunda Guerra Mundial*: história e estratégias. São Paulo: Contexto, 2010, pp. 63-109.

Zaloga, Steven J. *A invasão da Polônia*: guerra relâmpago. Barcelona: Osprey Publishing, 2009.

SUGESTÕES DE FILMES DE FICÇÃO E DOCUMENTÁRIOS

A Segunda Guerra em cores. Ep. Guerra Relâmpago. Roteiro de Jonathan Martin. Reino Unido. Série de documentário de tv, 2009.

Grandes momentos da Segunda Guerra em cores. Ep. Guerra Relâmpago. Direção de Nicky Bolster. Estados Unidos/Reino Unido. Série de documentário. Discovery-uk/Netflix/World Media Rights/zdf Enterprises, 2019.

O pianista. Direção de Roman Polanski. França/Alemanha/Reino Unido, 2002.

TRIUNFOS ALEMÃES

Entre 3 de setembro de 1939 e 10 de maio de 1940, não houve combates diretos entre Alemanha e França e Inglaterra. Esse período ficou conhecido como "guerra de mentira" ou "guerra sentada" (*Sitzkrieg*), no caso alemão. Nesse intervalo, acentuou-se o contraste entre uma preparação agressiva e intensa para a guerra, do lado alemão, e uma melancólica e tediosa espera para que a guerra declarada em setembro de 1939 acabasse sem combates, no caso francês. Essa situação minou o moral dos soldados franceses. Relatos de relaxamento disciplinar, embriaguez e despreparo das tropas para ações instantâneas se multiplicaram entre os franceses. Não era, porém, um problema apenas das forças armadas francesas, mas de todo o país. A sociedade civil queria evitar nova guerra a qualquer custo. Para piorar a situação, a França estava dividida politicamente, incapaz de se unificar contra o inimigo comum.

A declaração de guerra contra a Alemanha tiraria a França, por um tempo, da letargia. Contudo, os meses seguintes, sem combates, levaram os franceses e suas forças armadas a uma situação de perigoso relaxamento. Acreditava-se que a Linha Maginot e a fixação de tropas nas fronteiras vizinhas dissuadiriam os alemães de atacar o país. Além do mais, sua defesa estava estruturada para a situação em que, se ocorresse a guerra, esta deveria ser travada o mais longe possível do solo francês, ou seja, nos campos de Holanda, Bélgica e Luxemburgo. A França, em suma, preparou-se para a guerra de modo a evitar o máximo possível o combate.

A LINHA MAGINOT

O sistema de fortificações situado ao longo da fronteira da França com a Alemanha recebeu o nome do político civil André Maginot, seu idealizador e realizador, quando foi ministro da Guerra da França. Construída entre 1930 e 1936, a Linha despendeu imensos recursos do tesouro francês. Seu conjunto de fortificações ao longo de 200 km de comprimento ia da fronteira com a Suíça à floresta de Ardenas, entre Bélgica e Luxemburgo. Elas eram entremeadas por 108 fortes subterrâneos, interligados por túneis com linhas férreas, para transporte de soldados, armas e munição. A Linha Maginot contava ainda, em seu percurso linear, com mais de 300 peças de artilharia, voltadas para o inimigo, e mais de 400 casamatas para infantaria. Tinha amplos paióis de munição, dependências para soldados e para oficiais, enfermaria, salas de recreação, tratamento para filtrar o ar (em caso de bombas de gás) e sistemas de comunicação. Elaborado para ser a sustentação principal da defesa francesa contra invasões alemãs, esse sistema defensivo acabou se revelando um fracasso estratégico. Como, por falta de recursos, não foi possível construir a fortificação até o mar do Norte, a França dependia do fracasso do inimigo em atravessar a floresta de Ardenas e da neutralidade da Bélgica. Acima de tudo, tratava-se de um sistema defensivo pensado para a guerra anterior, estática, e não uma guerra de movimento, com blindados e aviões. Em 1940, os ataques alemães se desviaram da Linha Maginot e se direcionaram para a fronteira com a Bélgica e Luxemburgo, em Ardenas, justamente onde a Linha não cobria.

A mobilização alemã foi completamente diferente. Sua doutrina e preparação foram desenvolvidas de modo a vencer a guerra, mantendo sempre a iniciativa e combatendo intensamente para conseguir uma vitória rápida e evitar uma longa guerra de atrito. O uso combinado de infantaria, blindados, artilharia e aviação foi planejado e treinado. Algumas experiências dos combates na Campanha da Polônia haviam mostrado os pontos fracos a serem eliminados nas próximas ações, bem como as vantagens a serem aprofundadas.

A melhor preparação para a guerra, por parte dos alemães, pode ser exemplificada no uso do setor de inteligência. Ambos os lados tinham informações da movimentação de tropas do lado inimigo. Mas os alemães souberam aproveitar melhor os informes de que dispunham. Constataram que a disposição das tropas francesas estava montada para uma reedição dos ataques da Grande Guerra anterior. Os atacantes alemães, então, direcionaram o melhor de suas forças exatamente para onde havia pouca concentração de tropas francesas, ou onde elas demorariam demais para chegar.

Em vez de se perguntarem o que fazia uma concentração de tropas alemãs em um local, ao seu julgamento, tão improvável, os franceses continuaram aferrados à ideia de que só haveria uma forma de os alemães atacarem, exatamente onde os franceses tinham planejado a defesa. Os franceses também desprezaram as lições da Campanha da Polônia sobre o tempo surpreendentemente rápido gasto pelo deslocamento das tropas atacantes. "A França não é a Polônia", repetiam orgulhosamente os franceses. Quando se deram conta, os alemães já tinham penetrado em dezenas de quilômetros o território francês.

Com suas forças armadas arrogantemente confiantes, deficientes em treinamento e mobilização material para a guerra que iriam enfrentar, dividida politicamente, a França aguardou um tipo de guerra e enfrentou outro, completamente diferente e para a qual não teve como se defender. No dia 10 de maio de 1940, a "guerra de mentira" acabou e as ilusões se desfizeram. A Alemanha atacava de uma só vez França, Holanda, Bélgica e Luxemburgo.

Mapa 3 – Ataque alemão à França

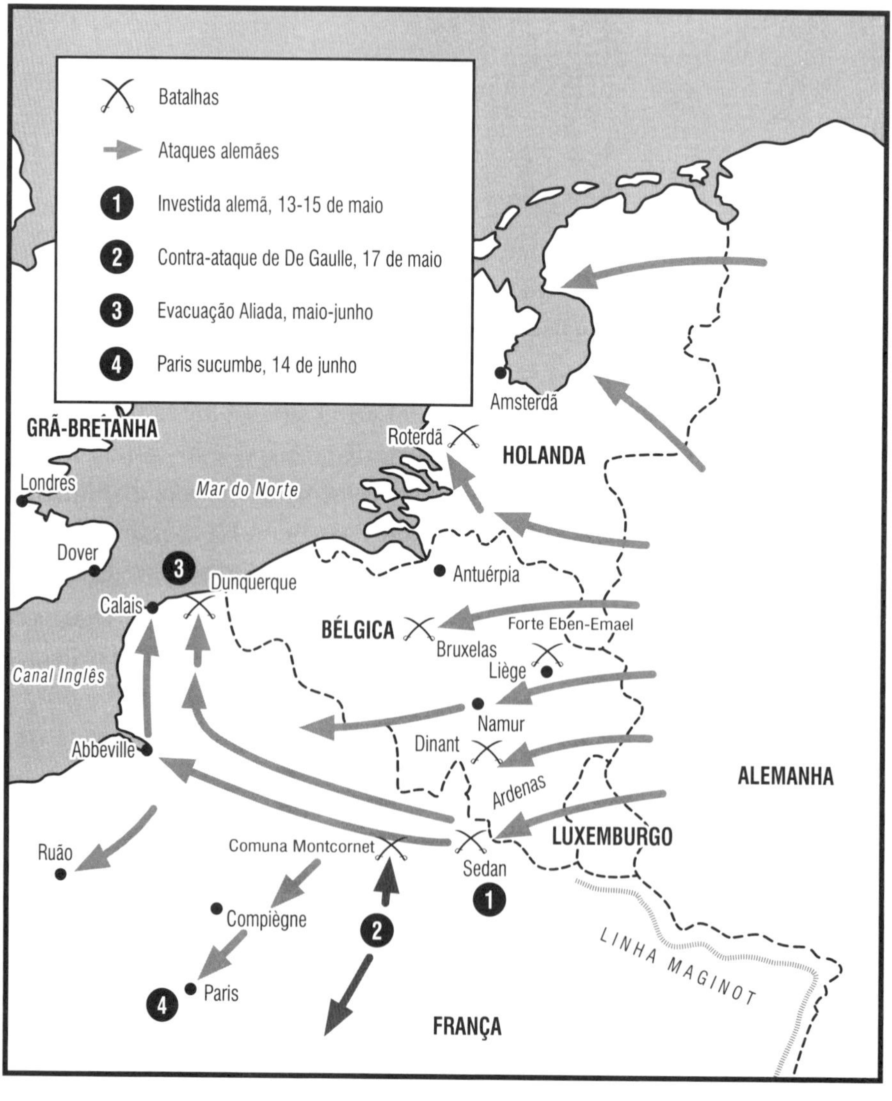

O ataque alemão se deu em três pontos. Ao norte, um grupo de exércitos avançou sobre Holanda e Bélgica. No sul, outro grupo de exércitos avançou contornando a Linha Maginot e invadindo Luxemburgo. Entre esses dois pontos, foi executado o ataque mais surpreendente, onde os alemães concentraram suas melhores tropas. Penetrando na floresta de Ardenas, território belga considerado pelos estrategistas franceses inviável para ataques com blindados e grandes contingentes de soldados, o grupo de exércitos alemães avançou com a força e rapidez dos blindados por dezenas de quilômetros. A Holanda se rendeu 5 dias depois de invadida. A Bélgica, 18. Ambos os países foram ocupados pelos alemães, que logo implantaram sua política repressiva e antissemita.

ANNE FRANK

Assim que conseguiram a rendição da Holanda, em 14 de maio de 1940, os alemães iniciaram um governo de ocupação no país. Eles tinham a intenção de incorporar seus vizinhos holandeses na comunidade de "raça superior" ariana. Nesse grupo, obviamente, não estavam incluídos os judeus que viviam no país, alguns deles fugidos de perseguição nazista anterior, como foi o caso da família da adolescente Anne Frank.

Como as medidas do governo nazista na Holanda tornavam a vida dos judeus cada vez mais difícil e perigosa, a família de Anne Frank começou a viver, a partir de julho de 1942, em um esconderijo no sótão de um edifício de escritórios com mais quatro pessoas.

Anne, então com 13 anos, escrevia um diário em que anotava suas impressões e sentimentos. A escrita foi interrompida em 4 de agosto de 1944, quando o "anexo secreto" foi descoberto pela polícia. Anne e as outras pessoas escondidas, mais duas outras que as ajudavam, foram presas. Seu diário, porém, foi salvo por amigos, que o esconderam antes que a polícia terminasse suas buscas no esconderijo.

Os membros da família Frank foram levados para diferentes campos de concentração. Após passarem por Auschwitz, Anne e sua irmã foram levadas para o campo de Bergen-Belsen, onde contraíram tifo e morreram, em fevereiro de 1945. O pai de Anne, Otto Frank, foi o único a sobreviver.

O conteúdo do diário, com o título original de *O anexo secreto*, seria publicado pela primeira vez em 1947 e, a partir de então, traduzido como *O diário de Anne Frank* para mais de 60 línguas, atingindo mais de 350 milhões de exemplares. Lido por gerações, a obra é, até hoje, um testemunho da desumanidade do ódio racial e do antissemitismo.

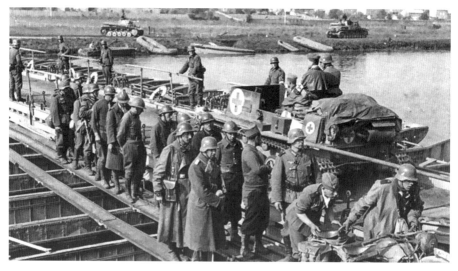

Forças alemãs cruzando o rio Meuse, em maio de 1940. A travessia do rio possibilitou aos alemães avançar até o canal da Mancha e vencer as principais tropas aliadas na Batalha da França. (Bundesarchiv, Bild 146-1978-062-24 / CC-BY-SA 3.0)

A tática de guerra relâmpago alemã mostrou que era capaz de avançar e, com os movimentos combinados dos três grupos de exército, envolveu as forças aliadas. O Exército francês demorou demais para reagir, e quando o fez, executou justamente as manobras que os alemães já esperavam, facilitando seu envolvimento pelas forças germânicas.

Encurralados entre as forças germânicas e o mar, aproximadamente 300 mil soldados aliados (ingleses, franceses e belgas) tinham pouquíssimas condições para resistir por mais tempo a um cerco fatal, na região do porto de Dunquerque, cidade quase na fronteira com a Bélgica. Entre 26 de maio e 4 de junho, foi executada pelos britânicos a operação Dínamo, na qual se planejava a princípio resgatar aproximadamente 45 mil soldados britânicos das praias da cidade francesa. Esse objetivo acabou sendo ampliado para 300 mil homens, à medida que mais e mais embarcações militares e civis atravessavam o canal da Mancha em busca dos soldados.

As perdas materiais dos britânicos, contudo, foram imensas: em Dunquerque, foram deixados 64 mil veículos, 20 mil motocicletas, 2.472 peças de artilharia, 76 mil toneladas de munição, 416 mil toneladas de suprimentos e 162 mil toneladas de combustível. O Exército britânico demoraria anos para se recuperar de tais perdas. Para as campanhas seguintes, ele atuaria no limite de seus recursos. Foi, inegavelmente, uma derrota humilhante. Para a opinião pública britânica, porém, a retirada bem-sucedida foi uma injeção de ânimo, em meio a revezes dolorosos. A mobilização da população civil em uma causa comum e o sucesso do resgate reforçaram o moral da população.

Mas a iniciativa e a força ainda estavam com os alemães. Uma sucessão de avanços germânicos e decisões erradas na condução da guerra por parte dos franceses fizeram da capitulação francesa uma questão de tempo. Em 5 de junho, as forças alemãs ultrapassaram o rio Somme e se aproximaram definitivamente de Paris. Na população civil, o medo da invasão motivou uma fuga em massa para locais supostamente mais seguros ou distantes das ações bélicas. Quando os ataques alemães começaram a guerra em seu país, milhões de franceses deixaram suas casas. Estradas congestionadas por massas de civis, a pé, em bicicletas, carroças, carros ou caminhões, se tornaram uma das imagens marcantes do impacto do avanço alemão no território francês.

Franceses de Gien com seus bens tentando escapar da invasão alemã em 1940. Refugiados de guerra: vítimas quase sempre esquecidas. (Bundesarchiv, Bild 146-1971-083-01 / Tritschler / CC-BY-SA 3.0)

Em 14 de junho, os alemães entram em Paris. Os membros do governo francês já tinham saído da cidade e transferido o governo para Bordéus. O desfile do Exército alemão nas principais vias de Paris e sua passagem pelo Arco do Triunfo coroaram a humilhação da derrota. Restava negociar a rendição da França, embora uma parte das forças armadas ainda pretendesse lutar mais ao sul. No entanto, não houve mais luta. Em 17 de junho, o marechal francês Philippe Pétain propôs o armistício, que foi assinado em 22 de junho de 1940, no mesmo vagão ferroviário em que, em 1918, os representantes da Alemanha haviam assinado a rendição para os franceses. Naquele momento, os alemães se sentiram vingados.

Os termos da rendição foram terríveis para a França. O território francês foi dividido em dois. A França ocupada, com 3/5 do território, passou a ser administrada militarmente pelos alemães – tratava-se dos territórios mais ricos e industriais, além do litoral atlântico, tudo isso ficou sob o domínio alemão. Os 2/5 restantes, ao sul do país, constituíram a República de Vichy, apenas formalmente soberana.

Desde o início, as atitudes do governo de Vichy, sob direção do marechal Pétain, corresponderam à política nazista. A República de Vichy perseguiu judeus, comunistas, refugiados políticos alemães emigrados na França e outros alvos dos nazistas. Segundo o historiador Max Hastings, somente o medo e o ódio visceral que as elites aristocráticas, comerciais e burguesas da França sentiam em relação à esquerda e aos judeus poderiam explicar a aquiescência e a cumplicidade com os invasores, pelo menos até a opressão nazista ultrapassar sua maleável tolerância e a vitória dos Aliados parecer iminente. Para desempenhar tais políticas de sujeição e complacência, o regime de Vichy não economizou esforços. A partir de 1942, por exemplo, o governo do general Pétain organizou a requisição e o envio compulsório de mais de 600 mil trabalhadores franceses para servir nas indústrias, ferrovias e agricultura alemãs. De todos os países derrotados e ocupados pela Alemanha, a França de Vichy foi o único país cujo próprio governo *se ofereceu* para tal envio, em vez de ser obrigado a colaborar pelos ocupantes alemães.

As forças armadas francesas foram então praticamente desativadas. O exército foi reduzido a 100 mil homens. Suas forças aéreas e sua marinha de guerra também tiveram drástica redução, em mais uma vingança alemã, já que no final da Primeira Guerra Mundial, as forças armadas germânicas haviam sido drasticamente reduzidas.

Inicialmente, os navios de guerra franceses e as colônias na Ásia e África ficaram mantidos sob domínio francês. No entanto, temendo que a frota francesa pudesse ser apropriada pelos alemães já em plena guerra contra a Grã-Bretanha, em 3 de julho de 1940, Churchill ordenou um ataque aos navios de guerra franceses, ancorados em Mers-el-Kébir, na então colônia francesa da Argélia. Esse ataque matou 1.297 franceses, e provocaria profundo rancor dos franceses em relação aos ingleses. Até Churchill reconheceu que foi uma ação odiosa, mas, em seu entender, necessária. O tempo mostrou que a possibilidade de os alemães se apropriarem da frota francesa não era mera especulação. Pouco mais de dois anos depois do ataque em Mers-el-Kébir, em novembro de 1942, a França de Vichy acabou ocupada pela Alemanha, e a Marinha de Guerra germânica tentou se apossar dos navios restantes da frota francesa, em Toulon. Cientes do perigo, os próprios franceses afundaram seus navios.

Mas em 1940, a França, dividida entre um território ocupado por invasores e outro, formalmente soberano, mas submisso em todos os sentidos aos interesses alemães, havia deixado para a Grã-Bretanha o peso de lutar a guerra sozinha.

LEITURAS COMPLEMENTARES

BLOCH, Marc. *A estranha derrota*. Rio de Janeiro: Zahar, 2011.

SHEPPERD, Alan. *França, maio de 1940:* Hitler em Paris. Barcelona: Osprey Publishing, 2009.

SUGESTÕES DE FILMES DE FICÇÃO E DOCUMENTÁRIOS

GRANDES MOMENTOS DA SEGUNDA GUERRA EM CORES. Ep. Dunquerque. Direção de Nicky Bolster. Estados Unidos/Reino Unido. Série de documentário. Discovery-UK/Netflix/World Media Rights/ZDF Enterprises, 2019.

O BANQUEIRO DA RESISTÊNCIA. Direção de Walraven van Hall. Holanda, 2018.

A BATALHA DA INGLATERRA

O primeiro-ministro britânico, Winston Churchill, procurou transformar a situação crítica em que estava a Grã-Bretanha em uma alavanca para a mobilização do país e de seus aliados. Em um discurso que ficaria famoso, anunciava que a Batalha da França tinha acabado, mas que a da Inglaterra estava para começar. "Hitler sabe que terá que nos vencer nesta ilha, ou perderá a guerra. Se o enfrentarmos, toda a Europa poderá ser livre e a vida do mundo poderá avançar para terras vastas e mais ensolaradas. Mas, se falharmos, todo o mundo cairá num abismo de uma nova Era das Trevas."

A guerra a ser combatida contra a Alemanha assumiria outra configuração, inicialmente em dois ambientes. Um dos ambientes já estava sendo palco de combates, o oceano Atlântico, em que os alemães se esforçavam em bloquear o fluxo de comércio entre a Grã-Bretanha e os seus aliados, como veremos adiante. O outro ambiente seria os céus da ilha britânica e de suas costas marítimas, onde combateriam as duas forças aéreas.

A Alemanha buscava conquistar a hegemonia aérea através de ataques a alvos estratégicos no sul da Inglaterra, especialmente a aeronaves e bases da Royal Air Force (RAF), criando as condições para a invasão das ilhas britânicas, no que chamou de operação Leão-Marinho. Esse era o plano no papel. Na realidade, as condições para tal invasão seriam muito mais difíceis. A Armada alemã, ainda em reconstrução, não era páreo para a poderosa Marinha Real britânica. Devido a tais condições, hoje se acredita que o que ficaria conhecido como a Batalha da Inglaterra consistiu muito mais numa ação para debilitar as defesas e o moral britânicos, para forçar a um acordo de paz em condições vantajosas à Alemanha, do que um conjunto de ações visando a uma invasão de fato. O objetivo principal da política de guerra de Hitler sempre foi lutar contra a União Soviética. Não ter a Grã-Bretanha como inimiga, numa luta em duas frentes, era muito importante para o sucesso dos planos de guerra germânicos. Tendo isso em vista, é possível entender melhor o que os alemães esperavam: ataques aéreos e bloqueio marítimo bem-sucedidos poderiam forçar a Grã-Bretanha a negociar. Se isso falhasse, a invasão seria cogitada, mas sabia-se que seria uma ação de extremo risco.

A operação Leão-Marinho tinha a superioridade aérea como condição indispensável. A primeira tarefa dos alemães, portanto, era destruir a RAF. Isso significava destruir não apenas aviões e pilotos, mas também campos de pouso, hangares, estações de comando e estações de radar, bem como as indústrias aeronáuticas.

A situação militar da Inglaterra naquele momento crítico fornecia um motivo razoável para o otimismo alemão. A derrota na Campanha da França deixara no continente europeu parte significativa de armas, equipamentos e homens do Exército inglês. A força aérea inglesa também perdera uma quantidade considerável de aeronaves e pilotos, cuja reposição demandaria meses. A conjuntura era tão complicada que, em junho de 1940, a única divisão de exército regularmente armada estacionada na Inglaterra era canadense.

Depois das perdas na França, o exército regular britânico retomou o recrutamento de jovens e foi se reconstruindo aos poucos. A população civil também contribuiu. Cientistas, engenheiros, linguistas e matemáticos colaboraram no desenvolvimento de radares, equipamentos de comunicação, decriptação de mensagens do inimigo, fabricação de motores aéreos e barcos mais rápidos, melhores armas e munições. A produção armamentista, incluindo a de tanques e aviões de combate, foi intensificada. Era uma corrida contra o tempo. Se os alemães conseguissem reunir as condições para invadir em poucos meses, não haveria tempo hábil para a ilha fabricar os meios de defesa e distribuí-los eficientemente para os seus combatentes.

O que os alemães não sabiam era que os ingleses tinham montado um sistema de radares e comunicações que cobria todo o país. Os radares ao longo de toda a costa tinham alcance de 160 km. Suas informações eram transmitidas ao comando aéreo, e este definia e enviava as missões a serem cumpridas pelos esquadrões de caças, já sabendo a rota de aproximação, quando e com quantos aviões o inimigo atacaria.

Por seu lado, os alemães também haviam desenvolvido um radar, mas seu sistema de controle entre a equipe de terra e os pilotos era menos eficiente que o dos britânicos: o desenvolvimento do equipamento alemão estava atrasado em relação ao do seu inimigo e seu serviço de informações era inferior. Para piorar as coisas, era frequente a interferência de Goering e até mesmo de Hitler na definição de alvos e táticas a serem usadas.

Royal Air Force *versus* Luftwaffe

Essas características davam uma vantagem inicial para os ingleses. Mesmo decolando de bases na costa continental do canal da Mancha, ou no litoral da Noruega, mas próximas da Grã-Bretanha, os aviões alemães se deparavam com uma autonomia limitada de voo e ataque – os bombardeiros carregavam um número limitado de bombas; os caças, que deveriam protegê-los, quando chegavam à ilha, tinham pouco mais de dez minutos para escoltar os bombardeiros antes de serem obrigados a voltar, deixando os bombardeiros frequentemente indefesos frente aos caças inimigos.

Assim, a batalha aérea foi um combate entre atacantes alemães com pilotos experientes e bons aviões (embora com alcance limitado de destruição, devido à autonomia baixa de voo e a serviços falhos de informação) contra defensores dotados de aviões tão bons quanto os dos alemães, favorecidos por uma rede de radares e informações preciosas sobre a aproximação do inimigo e uma posição insular conveniente.

Os combates começaram em julho de 1940. Visando enfraquecer a RAF, a Alemanha lançou ataques contra os campos de pouso, hangares e estações de radar. Os portos do sudeste e do sul, que seriam essenciais para a invasão, foram poupados.

Nos confrontos, tanto a RAF quanto a Luftwaffe sofreram graves perdas de aeronaves e pilotos, mas os bombardeiros alemães que escapavam dos choques entre as duas aviações conseguiam destruir vários alvos. A balança estava pendendo para os alemães. Além de estar perdendo aviões em uma velocidade maior do que sua capacidade de fabricação, a RAF se ressentia do abate de centenas de pilotos experientes, cuja substituição, devido à necessidade de treinamento, era muito mais demorada do que fabricar aeronaves novas.

Os pilotos eram em geral homens muito jovens, com reflexos e rapidez de resposta em combates travados a velocidades de mais de 900 km por hora. Os mais experientes eram preciosos, pois tinham sobrevivido aos erros comuns que novatos praticam nas primeiras missões e aprendido a salvar combustível e munição, bem como as melhores formas de perseguição e fuga. A mortalidade era muito grande. Poucos pilotos conseguiam sobreviver a seis anos ininterruptos de combate aéreo.

Em agosto de 1940, a vitória parecia estar mais próxima dos alemães: em algumas semanas, ou mesmo dias, as bases de defesa britânicas não teriam as condições necessárias para salvar a ilha de uma invasão. Contudo, um evento acabou alterando o foco e o balanço da Batalha da Inglaterra. Na noite de 24 de agosto de 1940, a cidade de Londres, até então poupada, foi bombardeada. No dia seguinte, em retaliação, bombardeiros ingleses despejaram bombas em Berlim, a capital do

Terceiro Reich. A partir de então, a Batalha da Inglaterra mudou de caráter, com a concentração dos ataques alemães nas cidades grandes e médias, buscando desestruturar a vida civil ao tornar infernal a vida da população, com uma tormenta diária de destruição e morte. Para a RAF, contudo, a mudança de foco da aviação germânica foi positiva. Os aeródromos e suas estações de radar puderam ser recuperados. O número de aeronaves aumentou.

No outro lado do canal da Mancha, os sucessos pontuais da Luftwaffe na destruição das estruturas urbanas inglesas não escondiam que o número de baixas e de perda de aeronaves alemãs era dramaticamente alto. Para piorar a situação, os bombardeios e incêndios nas cidades inglesas fortaleceram ainda mais o moral da população civil, em vez de lhes quebrar a resistência. Diante disso, constatando o fracasso em obter a superioridade aérea planejada, a Alemanha desistiu, em setembro, da operação Leão-Marinho.

O fim dos planos de invasão não reduziu, entretanto, o ritmo de ataque aéreo nas cidades. Pelo contrário, os bombardeios foram recrudescidos, especialmente os noturnos, com bombas incendiárias. Esses ataques ficariam conhecidos como "a Blitz". Para a população das cidades britânicas, foi um momento extremamente difícil. Após passarem as noites em abrigos antiaéreos, túneis e estações de metrô, as pessoas se ocupavam, nas manhãs seguintes, em contar os mortos, socorrer os feridos, limpar as ruas e voltar a trabalhar. Os ataques aéreos também fizeram com que as crianças fossem evacuadas das cidades para o campo, ou até mesmo para o Canadá, como ocorreu com o futuro historiador Martin Gilbert.

Os bombardeios, especialmente os noturnos, continuaram de setembro de 1940 em diante, visando a fábricas de aviões, docas e instalações estratégicas de Londres e outras cidades. Mas a falta de precisão somente destruiu cidades, nada mais. Os ataques duraram até a primavera de 1941, quando o foco da máquina de guerra nazista se direcionou para a União Soviética e a operação Barbarossa.

Um balanço da Batalha da Inglaterra: a RAF perdeu 1.265 aeronaves, enquanto a Luftwaffe perdeu 1.882. A capacidade de defesa britânica teve momentos de abalo, mas resistiu, e isso galvanizou ainda mais a mobilização nacional contra o Eixo. A invasão não ocorreu. Hitler não conseguiu colocar a Inglaterra contra a parede para negociar

60 SEGUNDA GUERRA MUNDIAL

vantajosamente. E mais: o fracasso em proporcionar a base para uma invasão da ilha, somado à perda de uma parte significativa da frota aérea de combate, minou a confiança da força aérea germânica e mesmo de toda a estrutura de guerra alemã.

A produção industrial britânica, embora afetada, conseguiu proporcionar os meios para o combate e a sobrevivência da população, conquanto a ilha dependesse em grande parte de matérias-primas, gêneros alimentícios e equipamentos de suas colônias e das Américas. As rotas desse fluxo de comércio, que supria a Grã-Bretanha do que necessitava para travar, ainda sozinha, a guerra, foram, desde setembro de 1939, um outro teatro de operações: a Batalha do Atlântico, uma das mais decisivas para o destino da Segunda Guerra Mundial.

LEITURAS COMPLEMENTARES

Bishop, Edward. *A Batalha da Inglaterra*: tanto... a tão poucos! Rio de Janeiro: Rennes, 1975.

Cardona, Gabriel; Vásquez, Juan. *Sangue, suor e lágrimas*: a Inglaterra resiste. São Paulo: Abril Coleções, 2009. Col. 70º aniversário da 2ª Guerra Mundial, v. 9.

Kershaw, Ian. Londres, primavera de 1940. A Grã-Bretanha decide combater. In: ____. *Dez decisões que mudaram o mundo, 1940-1941*. São Paulo: Companhia das Letras, 2008.

SUGESTÕES DE FILMES DE FICÇÃO E DOCUMENTÁRIOS

A batalha da Grã-Bretanha. Direção de Guy Hamilton. Reino Unido, 1969.

O mundo em guerra. Ep. Sozinha. Direção de Jeremy Isaacs. Documentário. Reino Unido, Thames Television, 1973-1974.

Rosa da esperança. Direção de William Willer, eua, 1942.

A BATALHA DO ATLÂNTICO

A Batalha do Atlântico foi a mais longa da Segunda Guerra Mundial. Pode-se dizer que começou no mesmo dia em que Grã-Bretanha e França declararam guerra à Alemanha, 3 de setembro de 1939, e que terminou com o cessar-fogo na Europa, em maio de 1945.

A importância desse conflito tão prolongado no Atlântico se deve ao fato de nenhuma força armada poder combater sem ter os meios materiais para isso, tampouco as populações civis produzirem para sua subsistência e para a guerra sem matérias-primas e produtos originados em outro continente. Pela rota do Atlântico, a Grã-Bretanha recebia alimentos, máquinas, matérias-primas, petróleo. Daí sua necessidade de proteger o comércio marítimo e colonial. Metade dos alimentos e 2/3 de matérias-primas consumidas pela Grã-Bretanha vinham de fora.

Vencer a Batalha do Atlântico foi, portanto, uma das mais decisivas vitórias na Segunda Guerra Mundial. Sem isso, os Aliados não conseguiriam sustentar a luta isolada da Grã-Bretanha contra o Eixo, até 1941. Do mesmo modo, os Estados Unidos não conseguiriam travar a guerra em outro continente, levando através do oceano literalmente tudo – armas, suprimentos e homens – para a Europa, a partir de sua entrada efetiva no conflito mundial.

Nessa Batalha de seis anos, o número de 100 mil baixas fatais só foi aparentemente pequeno. Os riscos das tripulações de navios mercantes, dos barcos de patrulha e dos submarinos eram muito grandes, e a morte nas águas frias do Atlântico estava sempre à espreita.

A Batalha do Atlântico teve duas características singulares. Foi, em primeiro lugar, um confronto assimétrico entre as duas maiores potências navais do mundo (Reino Unido e Estados Unidos, estes, a partir de 1942), de um lado, contra a Alemanha, de outro, que desde o início da guerra apresentava uma enorme desvantagem em quantidade e dimensões de seus navios de guerra, como consequência tardia das limitações impostas pelo Tratado de Versalhes.

Em segundo lugar, foi um combate naval em que os instrumentos mais importantes não foram os grandes navios de guerra, mas os submarinos do Eixo, de um lado, e os leves navios contratorpedeiros (destróieres), de outro, secundados por patrulhas aéreas e uso intensivo de tecnologia de detecção do inimigo.

Embora, no início da guerra, os encouraçados e cruzadores alemães fossem utilizados para as ações de bloqueio do fluxo do comércio marítimo britânico, aos poucos, o protagonismo dos ataques foi assumido pelas frotas de submarinos do Reich, os U-Boots (abreviação do alemão *Unterseeboot*, submarino). Como a Grã-Bretanha importava mensalmente 5 milhões de toneladas de matérias-primas e produtos, o comandante alemão da força de submarinos, almirante Karl Dönitz, estimou que uma média de 700 mil toneladas afundadas por mês levaria a Grã-Bretanha a um colapso.

Os submarinos dos anos 1940 estavam bem distantes das poderosas embarcações dos dias de hoje. Na época da Segunda Guerra Mundial, um submarino era muito mais uma embarcação de combate capaz de submergir para não ser atingida do que uma arma quase permanentemente submersa de ataque. Sua velocidade na superfície, garantida por motores a diesel, era igual ou maior que as dos seus alvos, os navios mercantes e navios de guerra. Quando submersos, porém, se deslocavam em velocidade bem menor, pois dependiam de baterias elétricas.

Os U-Boots foram responsáveis por 70% dos sucessos dos ataques alemães na Batalha do Atlântico. Eles atacavam disparando torpedos contra os alvos, e submergiam quando localizados ou sob ataque. Mesmo submersos, porém, estavam vulneráveis se sua posição fosse localizada rapidamente pelos destróieres capazes de lançar bombas de profundidade que, se explodissem perto do submarino, o destruiriam.

Na Primeira Guerra Mundial, já se conhecia o poder destrutivo dos submarinos. Para evitar os riscos de uma interrupção do tráfego de mercadorias para seu esforço de guerra, os britânicos desenvolveram a tática de navegação em comboios, que consistia em agrupar dezenas de navios mercantes na mesma rota, protegidos por navios de combate.

No entreguerras, a força submarina de Dönitz desenvolvera um meio de atacar os comboios: o ataque em "matilhas de lobos". Os submarinos, em grupos, navegariam na superfície distantes uns dos outros. Quando percebessem um comboio ou alvo interessante, informariam o quartel-general das operações a posição, velocidade e quantidade de embarcações, transmissões interceptadas e outras informações úteis à localização. A central de controle então coordenaria o deslocamento dos outros submarinos, para estarem próximos no momento do ataque, enquanto o submarino que detectara o alvo deveria continuar próximo, evitando ser visto e transmitindo as informações à central. Uma vez reunidos os U-boots, o ataque seria acionado, frequentemente à noite e na superfície. Os submarinos da "matilha" podiam atacar o comboio por fora ou, o que era mais frequente, se infiltrando entre os navios do comboio, dificultando a artilharia de superfície dos destróieres.

Os "tempos felizes" da Marinha germânica

A situação da Marinha britânica, a maior do mundo naquele momento, não era, contudo, tranquila. Não era fácil proteger um império colonial de dimensões mundiais, além do próprio território britânico. Para piorar, a Marinha Real não podia contar muito com a RAF, que entre 1939 e 1940 estava engajada no combate aos navios de guerra de superfície alemães, bem como nos combates na França, Noruega e na própria Batalha da Inglaterra.

A Batalha do Atlântico teve início ainda em 1939, com poucos submarinos enviados pela Kriegsmarine e o comércio mercante aliado navegando sem comboios, contando apenas com a proteção de escoltas a algumas centenas de quilômetros do litoral britânico. Depois de percorrer esse espaço, as escoltas retornavam e os navios ficavam sem proteção. Neste momento inicial, o protagonismo da Marinha alemã ainda era dos navios de guerra de superfície, secundados pelos poucos submarinos enviados. Entre setembro de 1939 e março de 1940, foram afundadas 900 mil toneladas de embarcações com destino à Grã-Bretanha, numa média inferior a 130 mil toneladas por mês. O objetivo dos afundamentos, traçado pela Kriegsmarine, ainda estava distante.

Os sucessos iniciais da Marinha alemã, contudo, acionaram o sinal de alerta para os britânicos. Diante das perdas, a Marinha Real se movimentou para combater as ameaças à navegação, especialmente as originadas na rota que ligava as ilhas britânicas aos Estados Unidos e ao Canadá. Os britânicos já possuíam uma rede de monitoramento de rotas marítimas e um Serviço de Inteligência, ligado a uma central de intercepção de mensagens por rádio e à decriptação de mensagens, em Bletchley Park, que colaborava com a detecção de ameaças submarinas.

A partir da queda da França, em 1940, o comando dos submarinos alemães no Atlântico se mudou para a base de Lorient, no litoral Atlântico francês. Ali se concentrariam as informações e decisões sobre o emprego dos U-Boots na Batalha do Atlântico. Além das informações obtidas pelas patrulhas costeiras da Luftwaffe e dos próprios submarinos, o comando recebia dados dos comboios através da espionagem nos portos de embarque, e da interceptação e decriptação das mensagens trocadas entre os Aliados.

Com essa nova situação, os Aliados passaram a correr bem mais riscos. Ao final de 1940, 349 navios aliados, representando 1,8 milhão de toneladas, foram afundados. Os submarinos alemães, nesse ano, totalizaram apenas 23 perdas. Uma das razões para tal resultado foi a falta de proteção aérea por parte da RAF, que estava concentrada em cuidar da defesa da Inglaterra, permitindo que os U-Boots agissem com grande liberdade naquele momento.

Em setembro de 1940, dispondo de mais submarinos e visando aumentar ainda mais a eficiência nos ataques, Dönitz ordenou os "ataques em matilhas". Com essa tática ofensiva, e contando com a deficiência da proteção à navegação aliada, os submarinos foram responsáveis pelo que os alemães chamaram de "tempos felizes" no Atlântico. Em 1941, 496 navios, mercantes ou de guerra, foram afundados, deixando no fundo do mar 2,4 milhões de toneladas. O impacto para o comércio da Grã-Bretanha foi imenso: em 1938, os britânicos importavam 68 milhões de toneladas. Em 1941, em plena necessidade de guerra, sua importação foi reduzida para 26 milhões. Foi o único momento em que Churchill reconheceu que a Grã-Bretanha poderia ser derrotada.

O apoio dos Estados Unidos foi, contudo, providencial. Ainda formalmente neutro, mas tendo vários de seus navios e tripulações vitimados pelos U-Boots alemães, o governo dos Estados Unidos cedeu, através do Programa *Lend and Lease* (Empréstimo e Arrendamento), 50 destróieres para seus aliados britânicos. Para proteção de seus comboios em rotas mais ao norte do Atlântico, os Aliados conseguiram montar bases navais e aéreas na Islândia, permitindo uma cobertura maior às rotas para a Europa. A Grã-Bretanha também melhorou a defesa dos comboios, empregando navios de escolta que agora acompanhavam o comboio em todo o trajeto. A cobertura aérea, entretanto, ainda não era total no percurso, devido à autonomia limitada das aeronaves utilizadas pela RAF. Compreendendo tal limitação, os U-Boots procuravam atacar na zona entre as áreas de cobertura aérea, no meio do Atlântico, vasta região desprotegida que ficou conhecida como "a Brecha".

O sucesso dos ataques em matilhas, porém, não era garantido. Os Aliados conseguiram aprimorar substancialmente a tecnologia utilizada para detecção dos submarinos, com melhores sonares e radares de maior precisão. Como os movimentos de ataque em matilha exigiam uma comunicação eficiente entre os submarinos envolvidos e, principalmente, com o comando central, era preciso usar equipamentos potentes de rádio que os U-Boots possuíam. Esse poder de comunicação, no entanto, trazia uma desvantagem: a sua detecção pelas escoltas aliadas, através de dispositivos de radiogoniometria. Assim, com esse sistema de detecção por emissão de comunicações radiofônicas (sistema *"Huff-Duff"* – *High Frequency, Direction Finding*), as matilhas passaram a ser detectadas com frequência pelos Aliados. Além desse avanço, os britânicos se beneficiaram da contribuição dada pelo serviço de inteligência que finalmente conseguiu decifrar o código alemão de criptografia da máquina Enigma.

ULTRA E ENIGMA

Ultra foi o nome dado pela inteligência militar britânica para a decriptação das mensagens cifradas das forças armadas alemãs durante a Segunda Guerra Mundial. Essas mensagens usavam a Enigma, uma máquina de cifragem e decifragem, que tinha bilhões de combinações e era considerada "indecifrável". Para seu uso cotidiano, as forças armadas alemãs usavam chaves de decifração.

O organismo de inteligência britânico, dedicado a decifrar as mensagens, era a Government Code and Cypher School, situada em Bletchley Park, a 80 km de Londres. Nesse lugar, matemáticos e linguistas se dedicavam a tentar decifrar as mensagens. Matemáticos poloneses já haviam avançado no estudo da criptografia da Enigma, mas seus resultados de decifração ainda eram insuficientes. O trabalho teria um avanço radical com a montagem, pelo matemático Alan Turing, de uma espécie de computador, "*The Bombe*", que "imitava" o funcionamento da Enigma e reduzia as bilhões de possibilidades a poucas combinações. Faltavam as chaves, e elas foram conseguidas de várias maneiras: erros e imprudência dos emissores das mensagens, deixando pistas para o pessoal de Bletchley Park, e apreensões de livros de chaves para a Enigma, principalmente em submarinos capturados.

Era de fundamental importância que os alemães não soubessem que os Aliados já tinham conhecimento da decifração, caso contrário, mudariam as chaves. Assim, os Aliados criaram um espião fictício de nome Boniface, que seria o chefe de uma rede de espiões na Alemanha, conforme deram a entender aos alemães. Com isso, quando os alemães se questionavam como os Aliados conseguiam antecipar algumas de suas operações, acabavam atribuindo o vazamento de informações a espiões humanos, já que estavam confiantes demais na inacessibilidade da Enigma.

Com melhores escoltas, e os serviços de inteligência funcionando para evitar as matilhas, não apenas diminuíram os ataques bem-sucedidos de submarinos, como aumentou a taxa de seu afundamento pelos Aliados. O comando alemão, em resposta, passou a enviar os submarinos para atacar no Atlântico Central. Para que pudessem ficar muitas semanas em missão, evitando retornos indesejáveis às bases, eles eram apoiados por outros submarinos, com funções específicas de reabastecimento, municiamento e suprimentos. Essas embarcações ficaram conhecidas como "vacas leiteiras" e temporariamente garantiram maior autonomia dos U-Boots.

O ataque japonês a Pearl Harbor, em dezembro de 1941, e as subsequentes declarações de guerra dos Estados Unidos contra Japão e Alemanha "liberaram" a Marinha alemã para atacar sem freios ou disfarces as embarcações mercantes e militares americanas. Aproveitando o despreparo momentâneo dos Estados Unidos para uma guerra – não havia blecaute nas cidades do litoral; não se faziam usos de comboios na navegação de cabotagem –, foi dada a ordem para os submarinos alemães atacarem nas águas costeiras americanas.

Além do litoral leste dos Estados Unidos, as rotas do golfo do México, Caribe e Atlântico Sul estavam cheias de navios indefesos e sem escoltas. O que se sucedeu foi um massacre. Os submarinos atacavam qualquer navio de países que não fossem aliados ao Eixo. Até embarcações brasileiras, como a Buarque, Olinda, Arabutã e Cairu, foram atacadas e perdidas, no primeiro semestre de 1942, no litoral americano. Somente a partir de junho desse ano é que os sistemas de comboio foram organizados pelos Estados Unidos. Em resposta, as matilhas então se deslocaram para rotas menos protegidas, como as do Caribe, do Atlântico Sul e da rota do Ártico a Murmansk, uma das que abasteciam a União Soviética. Combatendo em águas menos vigiadas, os U-Boots aterrorizavam os oceanos, justo quando a Kriegsmarine conseguiu ter à disposição 300 submarinos e suas comunicações deixaram de ser decifradas pelos Aliados, devido às alterações na máquina Enigma. A taxa de afundamento atingiu 711 mil toneladas por mês, incluindo até navios mercantes brasileiros em seu próprio litoral, em agosto de 1942, o que motivou a declaração de guerra do Brasil ao Eixo. Foi a segunda fase dos "tempos felizes" da Kriegsmarine. Nesse ano, 1.006 navios acabaram destruídos, levando para as profundezas quase 6 milhões de toneladas. Nunca as águas atlânticas tinham sido tão perigosas.

A reação dos Aliados

No entanto, foi a partir desse momento que os Aliados começaram a virar o jogo para ganhar definitivamente a Batalha do Atlântico. A começar pela produção naval: os estaleiros americanos trabalharam intensamente, com foco na construção de um tipo de navio cargueiro "padrão", o *Liberty Ship*, feito de peças pré-fabricadas e montado em tempo reduzido. Durante a guerra, foram produzidos 2.751 desses cargueiros, em 17 estaleiros diferentes do país. Tamanha produção garantia que mesmo nos piores momentos fosse possível construir mais navios do que a Marinha alemã conseguiria afundar.

Paralelamente à produção naval, a partir de 1942, o comando costeiro da RAF já usava aeronaves de maior autonomia para proteção. Navios adaptados como pequenos porta-aviões passaram a permitir que as patrulhas aéreas ganhassem o alcance de todas as rotas dos comboios. E agora, tanto os aviões de patrulha quanto os navios estavam equipados com radares precisos, capazes de detectar um submarino à distância de várias milhas. Bombas de profundidade com explosivos mais potentes, morteiros antissubmarino e projetores noturnos, que facilitavam a visualização noturna a partir dos aviões, foram criados e ajudavam as patrulhas na procura implacável aos U-Boots. Os caçadores dos anos anteriores eram agora a caça cobiçada. A curva se invertia.

Em 1943, ainda se afundaram centenas de navios mercantes e militares aliados (285, com 1,6 milhão de toneladas), mas, além da redução dramática de afundamentos, a despeito do aumento do fluxo de mercantes para a Grã-Bretanha, o sinal mais claro da virada da maré foi o aumento descomunal do número de submarinos destruídos (237).

Os Aliados, agora dispondo de recursos materiais e tecnológicos privilegiados para travar a Batalha do Atlântico, tratavam-na como prioridade, como base indispensável para permitir o transporte pelo oceano de homens e equipamentos necessários para a invasão da Europa nazista. As forças de Estados Unidos e Grã-Bretanha já estavam em combate no norte da África e, junto a tropas canadenses, planejavam invadir a Sicília ainda em 1943 e a França em 1944.

Os alemães concentraram novamente seus ataques em outras rotas, menos vigiadas, mas a Batalha do Atlântico já estava perdida para eles. Entre 1944 e 1945, foram afundadas menos de 300 mil toneladas. Para aflição da Kriegsmarine, a taxa de abate dos submarinos foi devastadora: 493 submarinos no último ano e meio de guerra, o que fez da mortalidade das tripulações dos submarinos alemães a maior de qualquer unidade combatente da Segunda Guerra Mundial.

Ao final de toda a Batalha do Atlântico, 2.848 navios aliados foram afundados, com 14 milhões de toneladas. Porém, a Grã-Bretanha não foi privada do que necessitava para concluir a guerra. Já a Marinha alemã foi despojada de sua principal arma: de 1.170 submarinos, os alemães perderam 784.

Superados tecnologicamente, sem a cobertura aérea necessária, incapazes de eliminar mais navios do que os Aliados conseguiam fabricar, os alemães perderiam a Batalha do Atlântico. A Alemanha travou uma luta que não conseguiria ganhar porque, de fato, a guerra submarina nunca esteve perto de ser ganha pelos alemães. De todos os carregamentos de navios mercantes que atravessaram o Atlântico em direção à Grã-Bretanha e aliados, apenas 1,4% deles foram afundados. Os poucos "tempos felizes" dos U-Boots haviam sido aqueles em que conseguiam cumprir as metas de tonelagem. Mas isso significou muito pouco, no quadro geral da guerra.

O foco prioritário na Batalha do Atlântico, sustentado por uma produção industrial avassaladora e grande inventividade tecnológica, proporcionou a vitória dos Aliados nesse oceano. O fracasso alemão em cortar o fluxo de navios permitiu aos Aliados construir uma estrutura militar na Grã-Bretanha que seria decisiva para o resultado da guerra.

LEITURAS COMPLEMENTARES

CABRAL, Ricardo Pereira. O Atlântico, a defesa hemisférica e a Segunda Guerra Mundial. In: SILVA, Francisco Carlos Teixeira da; LEÃO, Karl Shurster de Souza; ALMEIDA, Francisco Eduardo Alves de (orgs.). *Atlântico*: a história de um oceano. Rio de Janeiro: Civilização Brasileira, 2015, pp. 439-483.

MASSON, Philippe. Uma nova dimensão da potência marítima. In: _____. *A Segunda Guerra Mundial*: história e estratégias. São Paulo: Contexto, 2010, pp.183-204.

PEREIRA, Durval Lourenço. *Operação Brasil*: o ataque alemão que mudou o curso da Segunda Guerra Mundial. São Paulo: Contexto, 2015.

WINTERBOTHAN, F. W. *Enigma*: o segredo de Hitler. Rio de Janeiro: Biblioteca do Exército Editora, 1978.

SUGESTÕES DE FILMES DE FICÇÃO E DOCUMENTÁRIOS

A BATALHA DO ATLÂNTICO. Episódio No. 8, 2ª temporada, da série *Battlefield* (Documentário em 30 episódios sobre a Segunda Guerra Mundial). Documentário. EUA, 1996.

GREYHOUND – NA MIRA DO INIMIGO. Direção de Aaron Schneider. EUA, 2020.

O BARCO – INFERNO NO MAR. Direção de Wolfgang Petersen. Alemanha, 1981.

O BRASIL NA BATALHA DO ATLÂNTICO. Direção de Erik Castro. Documentário. Brasil, 2012.

O mundo em guerra

A GUERRA CHEGA AO MEDITERRÂNEO

Se no Atlântico o diferencial foi a capacidade de combater com eficiência nas imensidões oceânicas, para assegurar o fluxo de materiais ou para interrompê-lo, no mar Mediterrâneo, tão próximo do continente europeu e africano, bem como dos acessos aos oceanos Atlântico, Índico e mares internos da Eurásia, os desafios e os objetivos estratégicos eram bem diferentes.

Das potências beligerantes, quem tinha mais a perder ali era a Grã-Bretanha. O Império Britânico detinha os acessos do Mediterrâneo ao Atlântico (estreito de Gibraltar) e ao mar Vermelho e oceano Índico (canal de Suez). Por esse canal, passavam as mercadorias de suas colônias na Ásia e África oriental. O Império possuía bases militares no Egito e assegurava o fornecimento de petróleo por meio de seu protetorado no Iraque e das empresas que possuía na Arábia Saudita.

A região, contudo, não era alvo de grande atenção da Alemanha. Os planos de Hitler e da cúpula nazista para o Oriente Médio acenavam para fomentar a rebelião colonial nos protetorados britânicos e, após a vitória contra a União Soviética, garantir espaço de poder na região.

A ITÁLIA E O SONHO DO MARE NOSTRUM

Para a Itália, contudo, o mar Mediterrâneo era a principal prioridade. O governo italiano acalentava o sonho de reeditar o *Mare Nostrum* do Império Romano. No momento em que a Itália já dominava a Líbia (desde 1936), a Albânia (desde abril de 1939) e partes da Etiópia (Abissínia) e Eritreia, ampliar seu poder no norte da África, possuir mais colônias e tornar-se menos dependente de matérias-primas essenciais tornaram-se os objetivos principais da política externa de Mussolini.

A oportunidade para torná-los realidade parecia ideal. Os planos eram, por um lado, tirar vantagem do vazio de poder no Mediterrâneo, deixado com a derrota da França, principalmente em termos navais e aéreos, e atacá-lo pelo sul. Por outro, aproveitando que, pelo oeste da Líbia, os italianos não seriam atacados pelos vizinhos franceses (colônias da Tunísia e Argélia), invadir o Egito e tomar o canal de Suez, guarnecidos precariamente por tropas britânicas naquele momento.

Assim, em 10 de junho de 1940, a Itália declarou guerra à França e ao Reino Unido. Em relação à França, tropas italianas atacaram posições nos Alpes. Os franceses resistiram e impuseram aos mal equipados e mal treinados italianos uma derrota constrangedora.

As dificuldades em vencer forças desmoralizadas na França não intimidaram, contudo, as lideranças italianas que desencadearam novo confronto. Pouco mais de dois meses depois, em 9 de setembro de 1940, a Itália atacou as posições britânicas no Egito. Para protegê-las, os britânicos tinham apenas 36 mil homens. O número de italianos para combate no norte da África era cinco vezes maior. Mesmo assim, após avanços iniciais até Sidi Barrani, no Egito, os italianos não puderam conter o contra-ataque britânico que recuperou o território egípcio e ainda avançaria sobre o território colonial italiano na Líbia. Mais uma vez, um desempenho humilhante.

Na verdade, a Itália estava dando "passos maiores que suas pernas". Em 1940, o país não possuía condições de travar uma guerra em grande escala. As forças armadas italianas, malgrado alguns esforços de modernização, eram incapazes de responder a objetivos tão ambiciosos. Para piorar a situação, o país era carente de suprimentos estratégicos, como petróleo, níquel, alumínio e borracha.

Pouco mais de duas semanas após iniciar a invasão no Egito, a Itália assinava, com Alemanha e Japão, o Pacto Tripartite, criando o Eixo Berlim/Roma/Tóquio. No entanto, sem informar seu parceiro europeu e mesmo com todas as limitações militares italianas, Mussolini ordenou atacar a Grécia.

Guerra nos Bálcãs

A Grécia tinha uma posição estratégica importante no Mediterrâneo. Ficava no extremo sul dos Bálcãs, e servia de ponto de abastecimento dos navios britânicos no Mediterrâneo. No início da guerra, nem Grã-Bretanha nem Alemanha desejavam se envolver na região balcânica, origem da Grande Guerra Mundial anterior. A Alemanha já tinha o que queria, o fornecimento dos poços de petróleo da Romênia; a Grã-Bretanha, por sua vez, enfrentava as tentativas de invasão de sua própria ilha, defendia com dificuldade suas bases no norte da África e ainda tinha que lidar com as ameaças à navegação no Atlântico e no Mediterrâneo.

O ataque italiano à Grécia foi desencadeado em 28 de outubro de 1940, depois dos revezes italianos no norte da África. A ação militar italiana novamente foi um completo desastre. O terreno acidentado da Grécia e o clima frio e chuvoso foram tão implacáveis para os atacantes italianos quanto a combatividade dos defensores gregos. Os gregos ainda receberiam apoio da força aérea e do Exército britânicos. Sem equipamentos adequados para a guerra nas montanhas e para o súbito clima frio e úmido da região, os italianos tiveram de recuar até a base de sua partida, na Albânia.

O fiasco militar italiano na Grécia foi agravado pelas perdas na base naval em Taranto, entre 11 e 12 de novembro de 1940, atacada pela aviação britânica no primeiro ataque da história a partir de um porta-aviões. Como o porto de Taranto tinha baixa profundidade (12 m), os britânicos adaptaram os torpedos lançados pelos aviões para essa condição. Três dos seis encouraçados italianos foram colocados fora de combate, além de um cruzador e dois contratorpedeiros. A consequência imediata desse ataque foi comprometer a segurança dos comboios de suprimentos do Eixo para os combates no norte da África.

Apesar de surpreendida pelos movimentos de seu próprio aliado, em janeiro de 1941, a Alemanha correu em auxílio à Itália. Antes, contudo, de enviar seu exército para tomar a Grécia e assegurar o domínio dos Bálcãs, a Alemanha estabeleceu alianças com governos simpáticos aos fascismos na Bulgária, Hungria e Romênia. Na Iugoslávia, sua aliança com o governo monárquico foi rompida por um golpe militar antinazista. Diante de tamanha "provocação" iugoslava e da resistência grega, apoiada pelos britânicos, Hitler decidiu invadir simultaneamente a Grécia e a Iugoslávia, nas operações Marita (Grécia) e Vingança (Iugoslávia).

Nos Bálcãs, como na Polônia, o Exército alemão cumpriu ordens de aplicar a mais rigorosa crueldade, sobretudo em razão das resistências de milícias guerrilheiras. Os abusos e crimes de guerra foram numerosos. Os alemães também se aproveitaram dos ressentimentos entre várias nacionalidades e etnias na região para assegurar seu domínio. Com isso, velhas contas entre grupos nacionalistas inimigos dentro da Iugoslávia foram acertadas, com grupos croatas se aliando aos invasores alemães, contra seus inimigos da Sérvia e Bósnia. Em contrapartida, grupos de resistência guerrilheira reagiram com grande tenacidade, dificultando o máximo que podiam a ocupação germânica, o que gerava retaliações ainda mais sangrentas.

Na Grécia, as forças locais receberam o reforço de divisões inglesas que combatiam e estavam batendo os italianos no norte da África, e que foram deslocadas para as montanhas gregas para combater os alemães. Estes, mais bem equipados e treinados, fizeram os ingleses bater em retirada e receberam a rendição da Grécia em 21 de abril de 1941. Parte das forças inglesas foi então deslocada para defender a ilha de Creta, importante base aérea ocupada pelos britânicos desde outubro de 1940.

Para os planos alemães, agora era essencial dominar Creta. O ataque alemão à União Soviética, programado para maio de 1941, teria que esperar a ocupação da ilha mediterrânica, sob o risco de comprometer suas planejadas operações diante da possibilidade de a aviação britânica atacar os poços de petróleo romenos.

Os alemães então atacaram Creta pelo ar, com tropas de paraquedistas, planadores e unidades aerotransportadas. Tomaram os aeroportos e a ilha, obrigando as forças britânicas a evacuar seus efetivos pela segunda vez, numa reedição do que havia ocorrido em Dunquerque. Dessa vez sem as embarcações civis de apoio, metade dos homens foi evacuada, enquanto a outra metade pereceu, foi aprisionada ou passou a integrar grupos de guerrilhas na ilha. Para piorar a situação aliada, a ofensiva alemã à Grécia desviou parte das melhores tropas britânicas do norte da África para a Campanha Grega, o que enfraqueceu suas forças naquela região.

Para os alemães, contudo, a vitória não foi completa. Suas forças contaram muitas baixas. Além disso, eles não dispunham de uma frota naval capaz de aproveitar a situação estratégica da ilha como base para reforçar o fluxo de suprimentos para o norte da África.

Tal fluxo foi um dos fatores decisivos para o sucesso – e fracasso – na Campanha do norte da África. Além de Creta, havia outra base britânica importante para o tráfego do Mediterrâneo: a ilha de Malta, uma colônia do Império Britânico. Nessa ilha, a Marinha e a força aérea britânicas se reabasteciam e se armavam para ataques no Mediterrâneo, contra comboios de suprimentos de italianos e alemães. Procurando acabar com este suporte, forças italianas e alemãs atacaram a ilha por dois anos, sem sucesso. A logística britânica para a guerra no deserto do norte da África estava, portanto, garantida.

Guerra no deserto

A luta no deserto era um desafio a todos os combatentes e planejadores. A água era o bem mais precioso, acompanhada de perto pelo abastecimento de combustível, necessário a qualquer deslocamento. A raridade de ambos somava-se a outros problemas que incomodavam os combatentes nesse tipo de terreno: insetos, animais peçonhentos, poeira, ventos quentes asfixiantes, tempestades de areia capazes de enterrar caminhões, calor extremo de dia e frio cortante nas noites. Em meio a fogo cruzado entre tanques e artilharia, os combates eram violentos. Para os soldados de infantaria, ainda havia o perigo de centenas de milhares de minas terrestres plantadas no caminho e escondidas pela areia em movimento constante.

Contudo, mesmo com tantos problemas, o combate no deserto tinha uma característica singular: era mais "limpo", do ponto de vista ético, do que os combates em outros teatros de operações. Não havia extermínio de populações civis, tampouco bombardeios de cidades. E, mesmo entre combatentes inimigos, foi rara a eliminação física de prisioneiros de guerra.

A guerra no deserto, executada em uma faixa de terra de poucas dezenas de quilômetros contíguos ao litoral mediterrânico, só podia ser travada com um suprimento minimamente satisfatório para seus combatentes, de armas, suprimentos e veículos. Daí a sucessão de avanços e recuos, vinculados às paradas de reabastecimento de porto em porto. Quando as forças combatentes conseguiam ser bem abastecidas, os deslocamentos e as manobras faziam a fama de generais, como o alemão Erwin Rommel e o britânico Bernard Montgomery. Rommel, prejudicado pelas dificuldades maiores de suprimentos do Eixo, usava seus blindados para avanços à frente dos tanques britânicos, para atraí-los e eliminá-los com artilharia antitanque. Já Montgomery evitava os combates diretos em qualquer momento, reunindo cuidadosamente sua vantagem em meios materiais e homens para ataques devastadores, em ocasiões escolhidas, aproveitando a posição de suas forças.

Para qualquer um dos lados, contudo, de pouca serventia teria a vantagem em homens e material se as linhas de comunicação entre os portos de descarga e as frentes de combate pudessem ser interrompidas. Não adiantava o planejamento da concentração de fogo no inimigo, sem fazer chegar às forças atacantes seu poder bélico, enquanto às defensivas era essencial prover a capacidade de resistir e contra-atacar. Assim, quanto mais as linhas de comunicação se estendiam, mais difíceis eram as ações, tanto ofensivas quanto defensivas.

Essa foi a tônica da guerra no deserto, desde seu início. As tropas italianas, que em setembro de 1940 cruzaram as fronteiras da Líbia com o Egito, esperavam avanços rápidos e decisivos. Chegaram até Sidi Barrani, mas suas linhas de suprimento se estenderam além do possível para manter uma ofensiva. Em 10 de dezembro, os britânicos contra-atacaram, recuperam a cidade e expulsaram os italianos do Egito.

Os britânicos continuaram seu avanço, à custa do território colonial italiano na Líbia, e em janeiro de 1941 chegaram até o porto líbio de Tobruk. As coisas estavam indo de mal a pior para as forças italianas na África. Para socorrer seu aliado, em fevereiro de 1941, a Alemanha enviou uma força blindada e suprimentos para o norte da África, sob o comando do general Erwin Rommel. Este reorganizou as forças do Eixo, constituindo o Afrikakorps. Abastecido e organizado, o Afrikakorps atacou os britânicos em El Agheila, forçando seu recuo até a fronteira com o Egito.

A guerra no deserto ficou então neste vaivém de recuos e avanços dos dois lados até meados de 1942, quando os alemães, depois de terem avançado mais de 500 km para o leste, ameaçaram as posições britânicas em El Alamein, a pouco mais de 100 km de Alexandria e a 400 km do canal de Suez. Esse avanço notável do Afrikakorps, contudo, fez com que suas forças ficassem no limite de suas linhas de suprimento e combustível. Assim, quando Rommel atacou El Alamein, em 1º de julho de 1942, os britânicos sentiam-se preparados para bloquear o avanço.

No vai e vem, a Batalha da África estava indefinida, sem vencedor. Churchill resolveu, então, nomear o general Bernard Montgomery para coordenar a campanha. Os britânicos procuraram explorar a vantagem da sua supremacia naval no Mediterrâneo. Enquanto os comboios do Eixo eram atacados e os suprimentos para o Afrikakorps ficavam cada vez mais reduzidos, em 7 de novembro de 1942 desembarcaram, no Marrocos francês, cem mil soldados dos Estados Unidos, trazendo consigo todo o aparato material que pudesse fazer diferença nos combates e na retaguarda: de tanques e caminhões a combustível e suprimentos necessários para a vida e combate no deserto. Era a operação Tocha (*Torch*).

A decisão pela entrada de tropas dos Estados Unidos na guerra no norte da África tinha sido tomada em junho daquele ano como uma forma de resposta às pressões de Stalin – agora Aliado – pela abertura de uma segunda frente. Enquanto Stalin e generais americanos manifestavam a intenção de realizar a invasão da Europa pela França tão logo quanto possível, Churchill e os militares britânicos defendiam que não havia ainda condições logísticas para fazer a invasão da França partindo da Inglaterra. Assim, acabaram concordando em ampliar uma frente já existente, retomar o domínio do Mediterrâneo e abrir caminho para uma entrada na Europa pelo sul, através da Itália.

Os americanos recém-chegados desembarcaram bem-dispostos, bem equipados, mas careciam de experiência de combate. E os erros não tardaram a acontecer. Em fevereiro de 1943, os americanos se aventuraram em um avanço desastroso pelo Passo de Kasserine, uma estreita passagem na cordilheira do Atlas, na Tunísia. Era um terreno perfeito para uma emboscada de grandes dimensões, e as forças do Eixo lhes infligiram severas baixas.

Os americanos analisaram o revés e procuraram corrigir os erros cometidos, inclusive destituindo comandantes ineptos. E continuaram, junto aos britânicos, avançando, empurrando as forças do Eixo para o litoral. Estas, mesmo com vitórias pontuais, não tinham chance de conquistar os objetivos planejados. Superados no abastecimento das divisões descansadas, em tanques, canhões e homens, sem linhas de suprimentos confiáveis, os membros do Afrikakorps acabaram por recuar até sua remoção do norte da África, em maio de 1943. Os Aliados venceram no norte da África.

Quando se analisa a guerra no norte da África e nos Bálcãs, duas questões se sobressaem. A primeira é sobre a fragilidade militar italiana. O senso comum e a cultura cinematográfica colocam sempre a Itália como um brancaleônico e desmoralizado exército, dirigido por oficiais e generais ineptos e corruptos, tendo como comandante em chefe a figura grotesca de Mussolini. Contudo, para além desses estereótipos, é necessário entender que os italianos combateram em desnível material e organizacional brutal em relação aos inimigos, o que, numa guerra de longa duração e intensidade, foi fatal. A decisão do governo fascista por participar da guerra mesmo sem condições de lutá-la, jogando o país e sua juventude em um caminho sem volta para a morte e a miséria foi, sobretudo, criminosa.

A segunda questão é se seria possível ao Eixo transformar seu caráter de frente secundária em prioritária, buscando estrangular o fluxo de produtos essenciais ao esforço de guerra britânico através do domínio do Mediterrâneo e do canal de Suez e, por fim, mas não menos importante, assegurar para si o fornecimento de petróleo do Oriente Médio. Algumas lideranças militares alemãs chegaram a insistir que essa seria a frente mais importante, e não a União Soviética. Mas foram minoria no ambiente militar e político da Alemanha nazista. Para o grosso das lideranças alemãs, o objetivo era a guerra de expansão do "espaço vital" e de extermínio do "bolchevismo judeu". Assim, as forças armadas alemãs somente entraram na guerra no norte da África porque precisaram socorrer o aliado italiano em apuros e corrigir, o mais rápido possível, os planos de dominação europeia no Leste. A prioridade alemã, portanto, sempre foi outra, a operação Barbarossa.

LEITURAS COMPLEMENTARES

CAREL, Paul. *Afrika Korps*. São Paulo: Flamboyant, 1966.

REZENDE FILHO, Cyro. *Rommel*: a Raposa do Deserto. São Paulo: Contexto, 2010.

SUGESTÕES DE FILMES DE FICÇÃO E DOCUMENTÁRIOS

A RAPOSA DO DESERTO. Direção de Henry Hathaway. EUA, 1951.

A SEGUNDA GUERRA EM CORES. Ep. Mediterrâneo e Norte da África. Roteiro de Jonathan Martin. Reino Unido. Série de documentário de TV, 2009.

BARBAROSSA

Pelos efetivos mobilizados, pelos recursos materiais empregados, pelo número de mortos e, principalmente, pelas consequências decisivas para o resultado da guerra como um todo, o combate entre Alemanha e União Soviética, entre 1941 e 1945, mereceria muito mais destaque do que costuma ter nos livros gerais sobre a Segunda Guerra Mundial. Foi de fato o confronto central, que determinou o fim do Terceiro Reich e a vitória dos Aliados na guerra mundial, uma vez que o Japão, já em colapso em 1945, isolado e sob risco de ter contra si a União Soviética, não poderia resistir a uma segunda frente.

Apesar do cruel ineditismo que caracterizou os meios com que foi posta em prática a operação Barbarossa, suas finalidades e sua eclosão já eram esperadas. A questão não era "se", mas "quando". Na década anterior, Hitler já a anunciara como inevitável para a expansão do "espaço vital" alemão. E, mesmo após o pacto de não agressão assinado entre alemães e soviéticos, sabia-se que depois de algum tempo ele seria rompido e a Alemanha invadiria a União Soviética.

Os preparativos para a invasão alemã foram iniciados em julho de 1940, mas a decisão definitiva somente foi tomada em dezembro do mesmo ano, quando Hitler e seus principais generais se reuniram para planejar o que ficaria conhecida como operação Barbarossa (em referência a Frederico I, imperador romano-germânico do século XII também chamado de "Barba Ruiva"). Eles acreditavam numa campanha rápida, de poucas semanas, nas projeções mais otimistas, ou no máximo três ou quatro meses, nas mais pessimistas.

Os objetivos alemães eram destruir o Exército Vermelho e ocupar os territórios a leste na linha "AA", que ia do extremo norte, em Archangel, no mar Branco, ao extremo sul, em Astracã, na foz do rio Volga, junto ao mar Cáspio. Era um plano ambiciosíssimo: em pouco tempo, avançar e dominar uma linha de mais de 2.500 km de extensão. Numa segunda fase, a "Rússia asiática", ou seja, a parte para além da linha "AA", seria mantida sob cerco, e as indústrias e os empreendimentos que pudessem ser usados para reerguê-la seriam bombardeados até sua destruição total. Para esse lugar destruído, seriam removidos os judeus europeus e os 31 milhões de eslavos.

Quando os preparativos da invasão estavam quase concluídos, um plano sinistro foi apresentado, em 2 de maio de 1941, e aceito pela cúpula militar do Reich: os exércitos invasores e, posteriormente, a população alemã, deveriam ser alimentados com a rapina total da produção das terras soviéticas, particularmente dos campos férteis da Ucrânia, um dos objetivos imediatos da invasão. Tal plano, o "Plano da Fome", teria, como consequência, a morte de 20 a 30 milhões de soviéticos, por inanição. A ideia era resolver os problemas de abastecimento interno na Alemanha, garantir a alimentação dos quatro milhões de homens na campanha e na ocupação e, ao mesmo tempo, aniquilar os habitantes locais. O "Plano da Fome" é mais uma evidência clara, para além dos discursos, de que a campanha alemã na Rússia visava ao extermínio de parte da população eslava, enquanto a outra parte seria escravizada e sujeita a privações extremas.

Aos poucos, os exércitos alemães foram se direcionando para a fronteira com a União Soviética. A seus generais, Hitler dissera, confiante: "quando a Barbarossa começar, o mundo prenderá a respiração". Adidos militares soviéticos, serviços de informação dos Aliados e o espião Richard Sorge, que atuava em Tóquio, alertaram Stalin sobre a iminente invasão. Mesmo assim, o ditador soviético não deu crédito às informações.

Isso não quer dizer que a União Soviética tenha sido surpreendida completamente. Em julho de 1940, após a vitória alemã contra a França, o Estado-Maior do Exército Vermelho iniciou os estudos para prever como se daria uma invasão alemã. As projeções imaginaram ataques simultâneos em dois ou três grandes grupos de exércitos – o que acabou acontecendo. A estratégia soviética a ser adotada seria uma "defesa ofensiva", na qual os combates iniciais deveriam ser travados o mais longe possível do território soviético – no caso, o território da Polônia ocupada –, ganhando tempo para a mobilização do grosso das forças para uma posterior guerra de atrito, em que a maior disponibilidade de homens e armas faria a diferença.

No papel, esse era um bom plano. Mas, no momento de sua aplicação, o Exército Vermelho careceu de meios. Das 134 divisões alocadas na fronteira ocidental, poucas eram realmente operacionais. Além do mais, estavam mal distribuídas, com algumas distando mais de 100 km da mais próxima. Isso levaria ao fracasso qualquer estratégia eficiente de "atacar antes de ser agredido" e deixaria a União Soviética à beira de um desastre militar.

"O mundo prenderá a respiração"

O ataque estava previsto inicialmente para 15 de maio de 1941. No entanto, vários fatores atrasaram o início da operação. O mais evidente foi a inesperada campanha que as forças alemãs tiveram de travar nos Bálcãs, entre 6 e 28 de abril, em auxílio aos italianos na Grécia e em retaliação ao golpe de Estado pró-britânico na Iugoslávia. Outros fatores, porém, concorreram para o atraso. Um deles foi o clima. A concentração de tropas foi atrasada, pois o fim do inverno de 1940-1941 chegou mais tarde que o esperado, e o degelo tardio deixou as estradas de terra impraticáveis para circulação em meio à lama. Para piorar, a primavera trouxe chuvas torrenciais e enchentes por todo o mês de maio de 1941, especialmente no rio Bug, entre a Polônia e a Ucrânia, e em seus tributários, o que tornou toda a região um charco pantanoso, inviabilizando a passagem dos blindados e veículos pesados. As chuvas imprevistas atrapalharam também a construção/adaptação de aeródromos para a Luftwaffe.

Para a invasão, estavam dispostos, em toda a linha de ataque de 2.768 km, 3 milhões de alemães (a metade de suas forças armadas) e 500 mil soldados de outras nações vinculadas ao Eixo, como finlandeses, italianos, croatas, eslovacos, romenos e húngaros. Três mil e quinhentos tanques, 3 mil aeronaves, mais de 7 mil peças de artilharia, 600 mil veículos e milhares de toneladas de equipamentos e munição estavam à espera da ordem de ataque.

Para sua defesa, o Exército Vermelho tinha inicialmente 2,5 milhões de homens, mais 14 milhões de soldados da reserva e 20 mil tanques, dos quais apenas 11 mil estavam operacionais no início do conflito.

O ataque se daria em avanços simultâneos de três Grupos de Exércitos, e uma força de finlandeses e alemães na região do Ártico. O Grupo de Exércitos do Sul tinha como objetivo a Ucrânia e poços de petróleo no Cáucaso. O Grupo de Exércitos do Centro tinha como finalidade atingir Moscou. Por sua vez, o Grupo de Exércitos do Norte tinha como objetivo ocupar os países bálticos e tomar Leningrado. Exércitos finlandeses e alemães, partindo do norte da Noruega, visavam conquistar o porto de Murmansk e sua ferrovia, vias importantes de acesso e circulação de suprimentos dos Aliados para a União Soviética, além de recuperar, para os finlandeses, os territórios perdidos para a União Soviética entre 1939 e 1940.

O MUNDO EM GUERRA *81*

Mapa 4 – Barbarossa: disposição de ataque

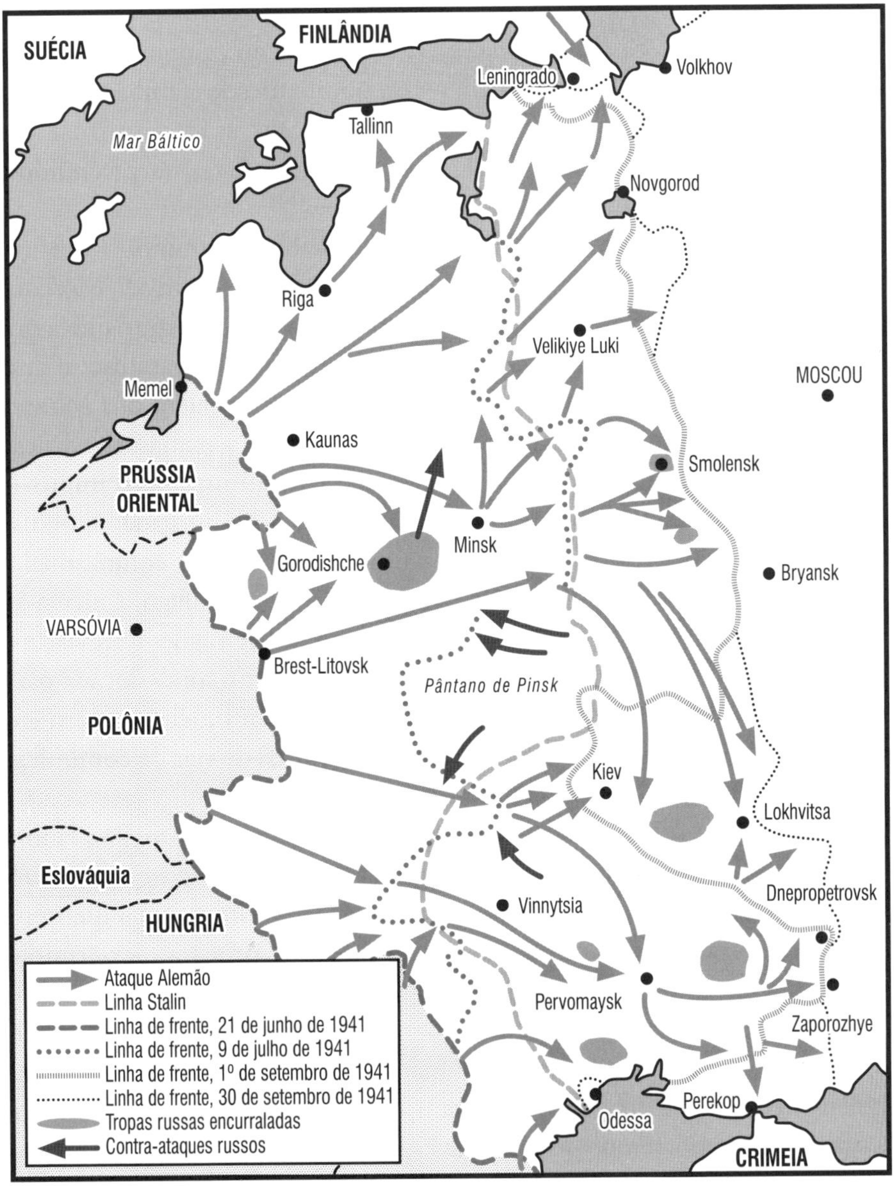

SUÉCIA

FINLÂNDIA

Mar Báltico

Leningrado

Volkhov

Tallinn

Novgorod

Riga

Velikiye Luki

MOSCOU

Memel

Kaunas

Smolensk

PRÚSSIA
ORIENTAL

Gorodishche

Minsk

Bryansk

VARSÓVIA

Brest-Litovsk

Pântano de Pinsk

POLÔNIA

Kiev

Lokhvitsa

Eslováquia

Vinnytsia

Dnepropetrovsk

HUNGRIA

Pervomaysk

Zaporozhye

Perekop

Odessa

CRIMEIA

Legenda:
- Ataque Alemão
- Linha Stalin
- Linha de frente, 21 de junho de 1941
- Linha de frente, 9 de julho de 1941
- Linha de frente, 1º de setembro de 1941
- Linha de frente, 30 de setembro de 1941
- Tropas russas encurraladas
- Contra-ataques russos

A operação Barbarossa começou na madrugada de 22 de junho de 1941. De várias posições, o Exército alemão avançou as fronteiras da União Soviética. No final da madrugada, a Luftwaffe atacou campos de pouso e destruiu as aeronaves ainda no chão; foram bombardeados também centros de comando e comunicações soviéticos. Em 48 horas, as forças germânicas avançaram 80 km e abateram 4 mil aviões soviéticos. Estes, surpreendidos, tentaram contra-ataques, mas foram esmagados.

Dois dias depois de iniciada a invasão, Stalin determinou a evacuação das indústrias para o leste, a aproximadamente 1.000 km de Moscou. Foi uma operação de proporções tão gigantescas quanto a própria invasão. Mais de 1.500 fábricas foram desmontadas, parafuso por parafuso, e deslocadas, com milhões de operários e suas famílias, para além dos Montes Urais, longe do alcance dos invasores. Em questão de semanas, as fábricas reiniciaram a produção. Deve-se ressaltar que não foi uma ação improvisada – isso seria impossível de um dia para outro. Na verdade, as transferências tinham sido planejadas para uma eventualidade como aquela, e a prioridade dos meios de transporte foi dada a esse tráfego. Calcula-se que o carregamento das fábricas utilizou 1,5 milhão de vagões ferroviários. Contudo, nem toda a indústria pesada e de armamentos foi deslocada para os confins do leste do país. Uma parte continuou em funcionamento em grandes concentrações urbanas e/ou entroncamentos de vias de comunicação, como Moscou, Stalingrado e outras cidades.

Enquanto o Exército alemão esmagava o Exército Vermelho, lado a lado com suas forças avançavam as tropas da SS. Os *Einsatzgruppen*, forças-tarefa especiais da SS, seriam abastecidos pelo Exército, e seus quartéis-generais atuavam em coordenação para a tarefa de procura e extermínio de seus alvos. Estes foram, num primeiro momento, oficiais do Exército Vermelho, comissários do partido, guerrilheiros e judeus em cargos públicos e do partido. Contudo, os assassinatos indiscriminados de homens judeus de qualquer idade já ocorreram desde o primeiro dia da invasão. Com o passar do tempo, já não havia mais critério. Todos os judeus – homens, mulheres, crianças, velhos – podiam ser alvo dos *Einsatzgruppen*, das SS ou dos órgãos policiais. Essa espécie de esquadrão da morte também estimulava grupos antissemitas locais a matarem judeus e comunistas, num esforço que chamavam, ironicamente, de "autolimpeza". Em geral, os *Einsatzgruppen* matavam alvejando as vítimas, depois de forçá-las a cavar covas coletivas.

A Grande Guerra Patriótica

Passada uma semana desde o início da Barbarossa, em 29 de junho de 1941, a cidade bielo-russa de Minsk foi cercada e conquistada pelos alemães. A situação soviética parecia crítica, e a principal liderança do país, Stalin, ainda não havia se pronunciado à nação. Esse silêncio gerou especulações, décadas depois do final da guerra, sobre crises de pânico e colapso nervoso do ditador. No entanto, com base em agendas e diários de escritório do Kremlin, sabe-se que Stalin passou os dias fechado no palácio, mas em intensa atividade de telefonemas, reuniões e consultas. Em 3 de julho de 1941, na estação ferroviária de Moscou, proferiu um discurso, irradiado para todo o país, em que definia as bases do que chamou de a "Grande Guerra Patriótica" dos soviéticos, a resistência à invasão nazista: o povo soviético deveria "mobilizar-se e reorganizar todo o seu trabalho, colocando-se em pé de guerra, não dando quartel ao inimigo. [...] não deve haver lugar em nossas fileiras para os queixosos e covardes, para os semeadores de pânico e desertores; nosso povo não deve temer a luta, tomando parte ativa em nossa Guerra Patriótica contra os opressores fascistas".

O discurso deixava claro que atos de covardia, deserções e tudo o mais que pudesse ser interpretado como derrotismo, inclusive se deixar aprisionar pelo inimigo, seriam severamente punidos. A Stavka, o alto-comando do Exército soviético, determinou até punições capitais para atos considerados de covardia e rendição.

No início de agosto de 1941, as posições se consolidaram temporariamente, e os comandantes alemães dos três grupos de exército foram forçados a reconhecer que haviam subestimado a capacidade combativa dos soviéticos, tanto em termos quantitativos (planejavam enfrentar cerca de 200 divisões, e até aquele momento tinham contado 360) quanto qualitativos, pois os soviéticos tinham tanques, como o T-34 e os KV1, capazes de combater com eficiência os seus, além de tropas que aproveitavam muito bem o conhecimento do terreno e combatiam com tenacidade.

Nas outras regiões, o avanço alemão foi mais lento. Foi justamente quando a tomada de Moscou estava mais próxima e a resistência soviética no sul estava mais forte que Hitler reuniu os generais para anunciar a decisão de que parte do Grupo de Exércitos do Centro seria deslocada para apoiar as ações do Grupo do Sul, na Ucrânia, e outra para apoiar o Grupo de Exércitos do Norte, nas proximidades de Leningrado. Os generais discordavam, pois entendiam que Moscou, além de um objetivo mais à mão, era mais importante, tanto em termos militares quanto simbólicos: era o maior entroncamento de transportes da União Soviética, a sede do governo central, de ministérios e órgãos de defesa e ainda possuía fábricas de interesse militar. Sua queda seria um golpe duro e possivelmente mortal para o regime de Stalin, acrescentavam os generais.

Mas Hitler não entendia assim. Para ele, o objetivo principal naquele momento era buscar as fontes de grãos na Ucrânia e de petróleo no Cáucaso. Em sua decisão, a tomada de Moscou deveria esperar pelo sucesso dos outros dois Grupos de Exército, particularmente o do Sul. Assim, em 16 de setembro de 1941, o Grupo de Exércitos do Sul e o do Centro se encontraram nos arredores de Kiev. Os combates pela posição resultaram em meio milhão de soviéticos mortos ou aprisionados e avanços dos alemães até a cidade.

No mesmo dia, o Grupo de Exércitos do Norte, com o reforço de parte do Exército do Centro, cercou Leningrado. Havia muita resistência na cidade e em seus arredores, por parte da população civil, além dos soldados. Grupos de trabalhadores e estudantes tinham cavado centenas de quilômetros de trincheiras, barricadas, armadilhas antitanques e estavam prontos para resistir à entrada dos alemães. Em 9 de setembro, o Grupo de Exército do Norte desencadeou manobras de avanço até a cidade. A feroz resistência encontrada no caminho da antiga capital do Império Russo fez Hitler mudar de ideia: a ordem não era mais atacar e arriscar-se a mais perdas de tempo e recursos, mas cercar a cidade e matá-la pela fome. Iniciou-se então um cerco cruel e implacável que duraria quase três anos. O Exército Vermelho não conseguia impedir o bloqueio completamente, mas evitava que os alemães tomassem a cidade fragilizada. A população de Leningrado, a princípio, fez uso de todos os recursos que tinha para se alimentar e sobreviver ao cerco. Contudo, não havia meios para os alimentos chegarem à cidade, a não ser em pequena quantidade através do leito congelado do lago Ladoga. Era, porém, insuficiente. Mortes por fome e pelo frio intenso ocorriam em escala crescente. Leningrado estava entregue à sua sorte, enquanto as forças soviéticas não recuperassem as vias de suprimentos.

Enquanto o reforço aos invasores vindo do Grupo de Exércitos do Centro, que poderia estar em combate por Moscou, auxiliava no cerco a Leningrado, os militares que estavam ao sul apoiavam o cerco de Kiev, que durou dez dias e terminou em 26 de setembro, com a rendição da cidade. Nessa batalha, as baixas de ambos os lados foram assustadoras, mas as dos soviéticos foram maiores, além das perdas materiais volumosas.

A Batalha por Moscou

Com a vitória em Kiev, os oficiais militares que a comandaram ganharam a confiança que estava faltando em relação à tomada de Moscou. As forças do Grupo do Centro retornaram às proximidades de Moscou e começaram a se preparar para a operação Tufão, que consistiria na tomada da capital soviética. O período de estabilidade na frente central possibilitara uma recomposição material e descanso aos soldados alemães. Agora eles estavam prontos para avançar. Tinham o dobro de tanques e homens e o triplo de aviões. Acreditavam que a entrada em Moscou seria questão de semanas, talvez dias. Em 20 de setembro, iniciaram o ataque em direção à capital soviética.

A população da cidade tinha cavado trincheiras antitanques e barricadas de resistência. Stalin indicara o general Gueorgui Zhukov para defender a capital. As perspectivas eram sombrias. Os rumores dos avanços alemães causaram pânico na cidade. Estações ferroviárias ficaram cheias de pessoas que disputavam lugares nos trens que saíam para leste. Passaram a ocorrer saques e tumultos até que Stalin decretou estado de sítio e o NKVD, a polícia política do governo soviético, restaurou a ordem com a brutalidade habitual.

As representações estrangeiras e os ministérios foram transferidos para Kuibyshev (atual Samara), a 1.000 km a leste de Moscou. Stalin e o comando das forças armadas, porém, ficaram na capital. Num ato de propaganda política para animar o espírito soviético, o aniversário da Revolução Bolchevique de outubro foi comemorado com uma parada militar em Moscou, que reuniu tropas e veículos que estavam se deslocando para a defesa da cidade.

A situação parecia favorável aos alemães. Mas, por duas razões, tudo mudou. A partir de 8 de outubro, começou a chover intensamente. E acompanhando a chuva, a *rasputitsa*, uma estação de lama outonal, antes das primeiras precipitações de neve, e que se repete após o degelo na primavera. Nesses períodos, o solo se transforma em uma pasta líquida enlameada, pesadelo para o deslocamento de qualquer carga, civil ou militar. Com isso, em pouco tempo as forças alemãs ficaram atoladas na lama. Os suprimentos básicos, como a munição, o combustível e a ração, não conseguiam acompanhar os soldados em seu avanço. A velocidade do avanço das forças alemãs reduziu-se drasticamente. Quando se livravam do lamaçal, logo enfrentavam a resistência do Exército Vermelho. Assim, no final de outubro, os alemães ainda estavam a 80 km de Moscou e começaram a ansiar pelas geadas e pela solidificação do terreno.

As geadas vieram, mas com elas um frio intenso, pior do que eles estavam habituados. Além disso, os alemães estavam miseravelmente despreparados para enfrentá-lo. Convencidos de que terminariam os combates antes do inverno, os comandantes alemães e seu sistema logístico não haviam providenciado roupas adequadas para os soldados. Mesmo assim, avançaram até 31 km do centro de Moscou. Algumas unidades de reconhecimento chegaram a vislumbrar, ao longe, as abóbadas do Kremlin.

Mas então o frio piorou. O combustível dos tanques congelava, as armas emperravam, as queimaduras e lesões de frio assolavam os soldados. Nem as baterias dos aparelhos de rádio funcionavam. E à frente dos alemães, havia um Exército Vermelho revigorado, a segunda e principal razão para a mudança do destino da Batalha por Moscou. Além de reorganizarem melhor seu contra-ataque, os soviéticos contaram com o reforço substancioso de meio milhão de soldados, bem-dispostos, bem equipados para a guerra no inverno extremo, vindos principalmente de unidades da fronteira na Manchúria. Stalin somente autorizou o remanejamento desses soldados do Extremo Oriente para a frente de Moscou quando o seu espião no Japão lhe garantiu, em novembro, que os objetivos japoneses se direcionavam ao Pacífico e não à União Soviética. O espião era Richard Sorge, o mesmo que Stalin desacreditara quando alertado sobre o início da Barbarossa.

RICHARD SORGE – O ESPIÃO PERFEITO

Richard Sorge foi um espião que transmitiu informações secretas cruciais na Segunda Guerra Mundial: a formação de um pacto Anti-Komintern; a decisão dos japoneses de ampliar suas ações na China; os planos japoneses para atacar os Estados Unidos e avançar no Pacífico; a invasão alemã à União Soviética. De pai alemão e mãe russa, nasceu no antigo Império Russo, mas quando tinha 3 anos de idade sua família voltou à Alemanha. Por esse país lutou na Primeira Guerra Mundial, sendo condecorado. Na década seguinte, tornou-se ativista do Partido Comunista alemão. Em 1924, viajou a Moscou, e lá adquiriu a cidadania soviética. Como jornalista, atuou como espião para os soviéticos, vivendo na Inglaterra e na Alemanha.

O MUNDO EM GUERRA **87**

Em 1933, Sorge foi enviado para o Japão, alegadamente como jornalista. Com esse disfarce, desenvolveu boas relações com o embaixador alemão em Tóquio. Considerado confiável tanto por japoneses quanto por alemães, enviava informações de um lado para o outro, e dos dois para Moscou. Foi assim que Sorge soube que o ataque de uma força de invasão alemã à União Soviética era iminente, acertando a data e o número de divisões invasoras – Stalin, porém, não acreditou na informação. Também foi assim que soube que o Japão havia priorizado o ataque aos Estados Unidos e a territórios no sul e sudeste asiático, ao invés da fronteira da Manchúria com a União Soviética. Dessa vez, Stalin deu crédito à informação.

As atividades de Sorge foram interrompidas em 18 de outubro de 1941, quando foi descoberto e preso, junto com 35 membros de sua rede de espionagem, pelas autoridades japonesas. Após três anos de prisão e submetido a torturas, Sorge foi sentenciado à morte e enforcado em 7 de novembro de 1944, na prisão de Sugamo, em Tóquio.

Debilitado em sua força ofensiva, incapaz de continuar a progressão, o Exército alemão parou em 5 de dezembro. Nesse mesmo dia, o Exército Vermelho desencadeou um contra-ataque fortíssimo, obrigando os alemães a recuarem, um movimento que continuou por sete dias. Moscou já não estava mais ao alcance dos alemães.

O frio continuou e piorou em dezembro e janeiro. Os alemães ficaram com pouco combustível e provisões. Entendendo que a situação crítica do Exército alemão na operação Tufão se devia à incompetência dos comandantes, Hitler destituiu, em 19 de dezembro, o comandante-geral das forças na União Soviética, e assumiu pessoalmente a liderança da operação. Ordenou então que não haveria mais recuos. As tropas alemãs deveriam defender suas posições "até a morte, se necessário". Inicialmente, tais ordens produziram resultado positivo.

Mas os ataques soviéticos se intensificaram, e em 15 de janeiro de 1942, Hitler acabou tendo que autorizar o recuo até posições mais a oeste. A frente se estabilizou. Pelos quatro meses de inverno e frio intenso, as linhas entre os alemães e soviéticos pouco se moveram.

No entanto, tal imobilidade era, em longo prazo, uma dádiva a Stalin. Hitler queria evitar a todo custo uma prolongada guerra de atrito, mas a sorte da campanha para conquistar Moscou já estava selada. Assim, em 5 de abril de 1942, Hitler comunicou aos seus generais que seria desencadeada uma ofensiva de verão no sudeste da União Soviética. Sem conquistar a capital, Hitler decidiu jogar as fichas da campanha alemã no Cáucaso.

Desmistificando o "general inverno"

Uma das afirmações mais frequentes sobre a Campanha Russa é a de que os alemães a perderam para o "general inverno", como se os soviéticos somente pudessem ter vencido a máquina de guerra de Hitler devido aos rigores do clima. Nessa versão, bastaria aos russos esperarem os alemães se atolarem na lama e congelarem na neve para derrotá-los. Os alemães seriam vencidos pelas mesmas dificuldades que teriam derrotado, nos séculos anteriores, Napoleão Bonaparte e o rei Carlos da Suécia. Além de uma simplificação grosseira, ela é equivocada do ponto de vista factual, pois sublinha os fatores ambientais e despreza os fatores humanos do combate.

No final de setembro de 1941, os comandantes do Exército alemão constataram que enfrentavam um inimigo difícil e poderoso – bem diferente daquele imaginado por eles e por Hitler, que dizia que bastava "chutar a porta" e "toda a estrutura podre" cairia. Sobretudo, constataram que se tratava de um inimigo que aprendeu a lutar contra eles, ora neutralizando os pontos fortes da *Blitzkrieg*, ora adotando suas próprias táticas de envolvimento, o que mostrou na defesa de Moscou e deixaria mais claro em Stalingrado, no ano seguinte, e em Kursk, em 1943. Portanto, o maior inimigo do soldado alemão foi o soldado do Exército Vermelho.

Houve outro fator decisivo, independentemente de qual fosse a estação do ano: as limitações logísticas das forças armadas germânicas. Em uma campanha de linhas tão extensas, somente ataques intensivos em recursos humanos e materiais, intermediados por pausas para consolidar posições e recompletar suprimentos e efetivos, seriam capazes de vencer as distâncias e os fatores ambientais hostis. Aliás, isso valeu também para os soviéticos, que, em sua ofensiva a partir de 1943, fizeram o caminho invertido e gastaram quase dois anos para chegar à capital alemã. A diferença era que soviéticos puderam consumir os recursos materiais e humanos de sua nação, fazer ofensivas, parar para recuperar as forças e seguir adiante até a vitória. Isso nunca esteve ao alcance dos invasores alemães.

A Batalha por Moscou, ou operação Tufão, poderia ter mudado a situação alemã. O remanejamento de tropas para os grupos no sul e no norte atrasou a ofensiva em algumas semanas, mas esse fato, sozinho, não pode explicar a derrota. Mesmo se começassem os combates semanas antes, as forças armadas germânicas apresentavam uma debilidade que, aos poucos, se tornou cada vez mais evidente: os problemas logísticos insanáveis. O excesso de confiança alemã na guerra motorizada e na mobilização de quase quatro milhões de soldados, a serem transportados, armados, vestidos, alimentados e municiados, desprezou os fatores logísticos críticos no terreno de combate russo que jamais poderiam ser desprezados. E não se tratava apenas do frio. Diferentemente da campanha da Europa Ocidental, em que os blindados percorreram distâncias curtas até entrarem em ação, e tinham ferrovias como alternativa ao transporte até a linha de frente, na União Soviética as forças de tanques e artilharia autopropulsada tiveram de percorrer centenas de quilômetros por si sós. As estradas soviéticas eram precárias, danificavam os veículos alemães e sublinhavam a falta de peças sobressalentes. Assim, uma parte do conjunto motorizado levado para a frente russa ficou pelo caminho, avariada, ou no inverno ficou inativa, por falta de manutenção, de descongelantes, de combustível e de lubrificantes. As ferrovias soviéticas que escaparam à destruição da "terra arrasada" tinham a bitola mais larga que na Europa Ocidental, o que obrigava os batalhões ferroviários a adaptar os trilhos, quilômetro por quilômetro, atrasando a progressão. E no sentido oeste-leste havia apenas uma ferrovia disponível, o que trazia para os setores de intendência a difícil escolha de priorizar ou o transporte de munição, ou o de alimentos, ou o dos itens necessários para o inverno, como roupas adequadas para o frio. O general Guderian, testemunhando seus homens morrerem congelados, protestou por ter visto imensos carregamentos de agasalhos para os soldados estocados em depósitos em Varsóvia, aguardando a fila de prioridades da intendência.

Não se pode esquecer das perdas consideráveis dos invasores. A tenacidade do Exército Vermelho e a crueza dos combates cobraram um preço alto. Na campanha de verão de 1941, calcula-se que um terço dos veículos alemães tenha sido perdido. O recompletamento dos efetivos estava prejudicado pelas baixas (15%) e pelo alargamento das linhas a cobrir. Mesmo tendo um desempenho em combate admirável (nos primeiros meses de combate, para cada baixa fatal alemã, os soviéticos contavam seis), os alemães pareciam nunca ter homens suficientes, enquanto a massa humana soviética parecia "brotar" de campos e cidades, substituindo as baixas em quantidades gigantescas. A força aérea alemã, importantíssima nas ações de invasão, perdeu cerca de 40% de suas aeronaves, até o inverno. Suas perdas se deram, na maioria, em combate com a aviação soviética, ou em decorrência do fogo antiaéreo. Quando as condições climáticas pioraram, a aviação alemã ficou no solo, impotente para apoiar as forças em terra. Além do mais, se já tinha de lidar com as dificuldades em encontrar campos de pouso no interior russo, ainda precisava apoiar outros teatros de operação, como o norte da África, a Grã-Bretanha e a frente doméstica alvo dos bombardeios aliados.

Se todos esses problemas já não fossem suficientes, havia ainda os erros de Hitler, dispersando forças que poderiam concentrar os ataques em pontos de aplicação determinados – a essência da *Blitzkrieg* – e subestimando a capacidade soviética de resistência. Comparada com a Batalha da França, em que empregou 141 divisões e 3 milhões e 300 mil homens, a Barbarossa empregou menos divisões (134) e um pouco mais de efetivos (entre 3,5 e 4 milhões de combatentes). Contudo, a área de combate na União Soviética era seis vezes maior, e sem as excelentes e muito próximas linhas de comunicação e suprimentos da França e dos Países Baixos.

Em suma, o sucesso da *Blitzkrieg* se baseava em velocidade, mobilidade e concentração de poder de fogo. A resistência soviética na guerra no Leste fez a Alemanha perder a velocidade; os fatores ambientais reduziram a mobilidade; e a extensão infinita das linhas de frente dissolveu a concentração do poder de fogo.

Portanto, os sete primeiros meses da Barbarossa, ou mais especificamente, a Batalha por Moscou, definiram até onde alemães e soviéticos poderiam chegar na guerra do Leste. Tais combates deixaram claras as limitações germânicas e as possibilidades dos soviéticos, em resistência, num primeiro momento, e em avanços, nos meses e anos seguintes. Como lembrou o historiador Andrew Nagorski, não houve, na Segunda Guerra Mundial inteira, conjunto de combates que reuniu tantos combatentes (7 milhões, somados os soviéticos e do Eixo) e tantas perdas (entre as forças combatentes, 2,5 milhões, entre mortos, desaparecidos, prisioneiros e feridos em ação, dos dois lados; entre a população civil, calcula-se entre 2 e 3 milhões de pessoas mortas). E tudo isso em apenas 203 dias. Nem outros combates da frente russa, como Stalingrado, contaram tantos combatentes, tantas baixas e tantas mortes de civis.

Outros países, já envolvidos na guerra ou em vias de se envolver, prestavam atenção ao desenvolvimento das ações na Campanha Russa. Um desses países era o Japão. Em abril de 1941, antes da Barbarossa, japoneses e soviéticos assinaram um pacto de não agressão. As energias e os planos do Japão foram direcionados então para suas ações na China e no Pacífico. Para tanto, entendia que era necessário neutralizar o poder militar americano, que ameaçava tal expansão. Os japoneses concentrariam o ataque principal à frota americana no Pacífico, na base havaiana de Pearl Harbor.

Assim, no mesmo dia em que os alemães decidiram interromper as ofensivas de inverno por Moscou, e o Exército Vermelho desencadeou um violento contra-ataque que acabaria por expulsar os alemães das proximidades da capital soviética, a 11 mil km dali, uma frota de 6 porta-aviões, 14 navios de guerra e 23 submarinos se preparava para um ataque surpresa à base naval americana na ilha de Honolulu. A Segunda Guerra consolidava seu caráter verdadeiramente mundial.

LEITURAS COMPLEMENTARES

NAGORSKI, Andrew. *A Batalha de Moscou*. São Paulo: Contexto, 2013.

SILVA, Francisco Carlos Teixeira da; PITILLO, João Claudio Platenik; VINHAS, Ricardo Quiroga (eds.). *A grande guerra patriótica dos soviéticos, 1941-1945*. Rio de Janeiro: Multifoco, 2019.

STAHEL, David. *A Batalha por Moscou*: a operação Tufão e o início da derrocada de Hitler. Barueri: Amarilys, 2015.

VALLAUD, Pierre. *O cerco de Leningrado*: 900 dias de resistência dos russos contra o exército alemão na II Guerra Mundial. São Paulo: Contexto, 2012.

SUGESTÕES DE FILMES DE FICÇÃO E DOCUMENTÁRIOS

A BATALHA DA RÚSSIA. Episódio No. 9, 2ª temporada, da série *Battlefield*. (Documentário em 30 episódios sobre a Segunda Guerra Mundial). EUA, 1996.

A CRUZ DE FERRO. Direção de Sam Peckinpah. Reino Unido/Alemanha, 1977.

BALADA DO SOLDADO. Direção de Grigori Chukhmai. URSS, 1959.

VÁ E VEJA. Direção de Aleksei Kravechenko. URSS, 1985.

O JAPÃO ATACA

Em 1941, as relações entre os Estados Unidos e o Japão, que já não estavam boas, se deterioraram definitivamente. A projeção do poder militar e comercial do Ocidente era percebida pelos japoneses como uma usurpação de seu direito natural como potência asiática. A tomada japonesa da Manchúria, a expansão agressiva em direção a outras localidades da China e do sudeste asiático, assim como a ocupação da Indochina francesa, deixaram o Ocidente em alerta.

Mesmo apoiados militar e financeiramente por britânicos e americanos, os chineses não conseguiam expulsar os japoneses de seu território. Em agosto de 1941 os Estados Unidos, junto com Grã-Bretanha, Austrália e ao governo da Holanda no exílio, decidiram pelo embargo de petróleo, minérios e aço, bem como dos ativos financeiros japoneses nesses países, caso o Japão não retirasse suas tropas da China e da Indochina. Essa decisão colocou o Japão diante de um dilema: ou retirava suas tropas da China ou optava pela guerra no Pacífico, entrando em linha de choque com os

Estados Unidos. Para os japoneses, desocupar a China seria mais que uma humilhação, uma desonra: embora a ocupação drenasse severamente os recursos do Estado japonês, uma retirada comprometeria vários setores da vida econômica do país dependentes da expansão militar, como as indústrias que usufruíam das matérias-primas obtidas nos territórios ocupados.

O Japão havia concluído que a busca por produtos essenciais para o seu desenvolvimento passaria necessariamente pela ocupação militar no sul e sudeste asiático, que garantiria aos japoneses o fornecimento de petróleo, minério de ferro, estanho e borracha. A desagregação dos impérios coloniais asiáticos decadentes de Grã-Bretanha, França e Holanda parecia favorecer tal ambição. Contudo, a opção pela ocupação militar e, consequentemente, pelo enfrentamento dos descontentes deveria levar em conta o poderio de reação dos Estados Unidos na Ásia. Em outras condições, o Reino Unido também reagiria, mas, naquele momento, suas forças, acossadas pela Alemanha em seu território e no norte da África, mal davam conta de manter a ordem nas próprias colônias. As forças militares dos Estados Unidos, por sua vez, necessitariam vencer distâncias literalmente oceânicas para combater o Japão. Diante dessa situação, os militares japoneses concluíram que um ataque relâmpago às bases asiáticas dessas potências, destruindo sua capacidade de reação imediata, poderia forçá-las a negociar em situação de fragilidade ocidental e superioridade nipônica. Optaram, portanto, pela guerra.

Como empreendê-la? Decidiu-se por ações simultâneas. Uma delas seria atacar vários alvos no continente asiático e em ilhas estratégicas do Pacífico, de modo a consolidar, em questão de dias, um perímetro de defesa, bem como ocupar territórios com riquezas vitais para os japoneses. A outra seria atacar a maior concentração do poder militar americano no Pacífico: a base de Pearl Harbor, no Havaí.

Tratava-se, geograficamente, de um local protegido por uma entrada estreita de enseada e um porto de águas relativamente rasas (12 a 14 m de profundidade). A entrada encontrava-se bem guardada por artilharia em terra, dificultando acesso aos navios de guerra agressores; a baixa profundidade era vista como um fator desestimulante para ataques aéreos com torpedos: liberados dos aviões, esses mergulhariam profundamente na água e não se deslocariam até os alvos. No entanto, esses tipos de proteção natural tinham deixado garantir invulnerabilidade, como havia demonstrado o ataque bem-sucedido das forças britânicas contra o porto italiano de Taranto, em novembro de 1940. Nessa batalha, os britânicos haviam adaptado seus torpedos lançados por aviões para se direcionaram aos alvos na linha-d'água. Atentos aos sucessos dos britânicos, os japoneses também adaptaram os seus torpedos e treinaram suas tripulações para atingir os mesmos objetivos.

Os serviços de informação americanos haviam decifrado mensagens japonesas, dando a entender que o Japão estava se preparando para uma ação de guerra contra algum alvo dos Estados Unidos. Os comandantes militares na ilha, o almirante Husband Kimmel, responsável pela frota do Pacífico, e o general Walter Short, responsável pelo exército e força aérea (que até 1947 pertencia ao exército) no Havaí, pensavam que a ação seria efetuada em algum lugar distante do Pacífico, como as Filipinas, as ilhas Wake ou Guam. Por isso, o comandante da Marinha insistia no reforço das várias bases no Pacífico, inclusive direcionando dois de seus três porta-aviões para entregar aviões de caça em Midway e ilhas Wake, no final de novembro e início de dezembro de 1941. Por sua vez, o comandante do exército em Pearl Harbor, receoso de sabotagem na própria ilha, ordenou que os aviões fossem tirados dos hangares e ficassem nas pistas, lado a lado, de modo a serem vigiados. Decisões equivocadas.

O plano elaborado pelos japoneses foi ousado. O ataque seria efetuado por uma ação aérea, com 414 aeronaves transportadas em seis porta-aviões. Esses estariam escoltados por 22 navios e 23 submarinos. O percurso de mais de 6 mil km exigiria o reabastecimento em alto-mar e levaria 12 dias. Para evitar sua localização pelos americanos, o que acabaria com o fator surpresa, o comboio faria uma longa volta pelo Norte e navegaria com silêncio de rádio entre as embarcações, até guinar para o sul e lançar os aviões a pouco mais de 300 km do Havaí, sem ser detectado em nenhum momento durante todo este percurso. Após decolarem dos porta-aviões no final da madrugada de 7 de dezembro de 1941, as esquadrilhas de bombardeios de mergulho, de aviões torpedeiros e de caças se dirigiriam a Pearl Harbor com o objetivo de, em duas ondas sucessivas, destruir a frota americana dentro do porto, e destruir os aeródromos e seus aviões. Esses eram os alvos prioritários do comandante da operação, almirante Chuichi Nagumo. Embora desejáveis, outros alvos, como as instalações de reparos e os reservatórios de combustível da ilha, não eram prioritários. O ataque japonês estava marcado para uma manhã de domingo, quando os navios de guerra americanos ficavam ancorados lado a lado no porto e as medidas de prontidão estavam mais relaxadas.

Às 6h45 da manhã de 7 de dezembro de 1941, centenas de aviões japoneses decolaram dos seus porta-aviões em direção ao Havaí. Com as montanhas de Oahu à vista das aeronaves e nenhuma resistência à aproximação das esquadrilhas, uma mensagem em código, "*Tora! Tora! Tora!*" (*Tigre! Tigre! Tigre!*, em português, ou a abreviação de *totsugeki raigeki*, "ataque relâmpago"), confirmou o início da operação.

Por duas vezes, os americanos poderiam ter dado o alerta de um ataque iminente. Às 6h45 da manhã, o destróier americano USS Ward, nas proximidades de Pearl Harbor, detectou e afundou um minissubmarino japonês. O comando da Marinha foi reportado da ocorrência, mas pouco fez para estabelecer uma prontidão total de defesa. A estação de radar de Pearl Harbor também detectou a aproximação de um número muito grande de aeronaves, mas seus operadores estavam em treinamento e seu superior lhes garantiu que se tratava de uma formação de bombardeios americanos.

A surpresa, portanto, foi completa quando a primeira onda, com 183 aviões, chegou à ilha, às 7h48 da manhã, e começou a despejar suas bombas e torpedos no ancoradouro e nos aviões que estavam, por ordem do comandante do exército, enfileirados, vulneráveis, nas pistas dos aeródromos havaianos. A segunda onda, com 171 aviões, continuou a devastação das instalações, embarcações e aeronaves. Por volta das 9h45 da manhã, os agressores foram embora.

Metade dos navios ancorados havia sido afundada e a outra metade seriamente danificada. Um total de 19 navios de guerra foram atingidos, sendo afundados 4 encouraçados, 1 rebocador e 3 outros navios. Ficaram danificados, mas não afundados, 4 encouraçados, 3 cruzadores e 3 destróieres. Nos aeródromos, a razia destruiu 188 aviões e danificou outros 159. No total, 2.335 pessoas foram mortas, a maior parte composta por marinheiros e recrutas nas bases da Marinha e da força aérea.

Por que não foi executada uma terceira onda de ataque, que mirasse destruir as reservas de combustível da ilha e as docas secas de reparos dos navios, já que Pearl Harbor era ponto de abastecimento necessário para a frota do Pacífico? Nos tanques de armazenamento na ilha, havia 4,5 milhões de barris de combustível, "[...] todos eles vulneráveis a projéteis de calibre 50. Tivessem os japoneses destruído os estoques, teriam prolongado a guerra por mais dois anos", afirmou depois da guerra o almirante Chester Nimitz, que substituiu o destituído Kimmel no comando da frota do Pacífico. O mesmo pensavam os comandantes de outros cinco porta-aviões e os pilotos das ondas de ataque, após aterrissarem nos porta-aviões. Contudo, apesar do consenso entre os participantes da invasão de que deveria ser desencadeada uma terceira onda, o comandante da operação, almirante Nagumo, ordenou que a missão se encerrasse na segunda onda e que a frota combinada retornasse. Entre as razões elencadas por Nagumo estavam: a) maior vulnerabilidade dos aviões, sem o elemento surpresa do ataque; b) vulnerabilidade da frota japonesa, inclusive os seis preciosos porta-aviões, ao alcance da aviação americana, se aquela permanecesse no local para uma terceira onda; c) o tempo necessário para preparar os aviões para a terceira onda, o que, no curto dia de inverno, faria com que os pilotos tivessem que aterrissar à noite, algo para o qual não estavam treinados.

Enquanto em Pearl Harbor os mortos eram recolhidos, os feridos socorridos e os danos avaliados, em Washington, o secretário de Estado americano, já informado do ataque, recebia, do embaixador japonês, um documento declarando que as negociações que deveriam supostamente evitar a guerra entre os dois países estavam encerradas. A entrega desse documento deveria ter acontecido, segundo os planos japoneses, uma hora antes do ataque. No entanto, o atraso, na embaixada japonesa, na decriptação e transcrição do texto fez com que ele fosse entregue quando o ato de guerra já era um fato consumado. Isso foi considerado pelos americanos evidência da má-fé japonesa. No dia seguinte, perante um Congresso lotado, o presidente Roosevelt ressaltou o "caráter traiçoeiro" dos japoneses. A declaração de guerra contra o Japão foi pedida ao Congresso, que a sancionou. Os Estados Unidos estavam agora oficialmente em guerra contra o Japão.

Portanto, a primeira parte do plano de guerra do Japão estava terminada, mas não como seus líderes militares previam e desejavam. Seu objetivo tinha sido destruir a capacidade de reação da Marinha americana no Pacífico, por pelo menos seis meses. Mas os danos causados no ataque a Pearl Harbor não foram incapacitantes para o aparelho militar dos Estados Unidos. As embarcações que seriam mais importantes para a Campanha do Pacífico, os porta-aviões, não se encontravam na base. Os encouraçados e cruzadores destruídos ou severamente avariados não eram capazes de fazer a diferença nos futuros combates, que seriam monopolizados pela aviação embarcada em porta-aviões. Ainda assim, metade dos navios de guerra atacados foi reformada e voltou ao serviço após reparos. A frota de aeronaves foi recuperada e seus números plenamente superados na gigantesca mobilização industrial para a guerra que ocupou o país a partir de então.

Uma última consideração sobre a discrepância entre os efeitos planejados pelos japoneses e aqueles realmente conseguidos no ataque refere-se ao seu impacto político. Os japoneses consideravam os americanos um povo voltado ao hedonismo, de fraco espírito guerreiro e que se oporia ao envolvimento de seus jovens em um confronto de vida e morte em terra e oceano distantes. Nos meses que antecederam o ataque japonês, realmente havia uma forte corrente na opinião pública americana contra o envolvimento da guerra, fosse na Europa, fosse na Ásia. Contudo, a forma com que o ataque – nas palavras de Roosevelt, "infame", "não provocado e covarde" – aconteceu, levando a mortes em território considerado americano, causou grande impacto na opinião pública do país, o que fez com que as diferenças políticas internas desaparecessem e a nação se mobilizasse para a guerra. Embora não haja registros documentados da frase atribuída ao almirante Yamamoto ("temo que tudo o que fizemos foi acordar um gigante adormecido e enchê-lo com uma terrível determinação"), pode-se dizer que ela sintetiza os receios do antigo comandante que vivera anos nos Estados Unidos e inicialmente se opôs a um conflito contra esse país, cujo potencial econômico conhecia bem.

Sul e sudeste asiático

A segunda parte do plano de ataque japonês seria efetuada por cinco exércitos. Um deles seria o responsável por tomar Hong Kong. Outro atacaria Malásia e Cingapura. Haveria o desembarque de um exército nas Filipinas, para neutralizar a base americana, e os outros dois exércitos se encarregariam da Birmânia e das Índias Orientais Holandesas.

Paralelamente ao ataque a Pearl Harbor, as ações militares japonesas tinham dois objetivos no sudeste e sul da Ásia: apoderar-se das ricas terras do sudeste asiático e Índias Orientais; e consolidar e melhorar a linha defensiva para isolar Austrália e EUA.

Um dos primeiros alvos foi Hong Kong. No mesmo dia do ataque a Pearl Harbor, a colônia sofreu ataques aéreos e navais japoneses, que forçaram sua rendição duas semanas depois. Também em 8 de dezembro, a Malásia britânica foi atacada pelos japoneses que surpreenderam completamente as defesas britânicas. Desembarques furtivos em vários pontos aparentemente inóspitos às ações dos exércitos, bem como o deslocamento dos soldados japoneses nas trilhas da selva com bicicletas, permitiram o avanço rápido no coração do território da Malásia. A força aérea britânica foi facilmente esmagada pelas forças japonesas, que tinham melhores aeronaves, e pilotos excelentes e experimentados.

Logo no início das operações, o comando britânico enviou o cruzador HMS Repulse e o encouraçado HMS Prince of Wales para combater a frota de invasão japonesa na Malásia. Mas esses navios estavam sem apoio aéreo, e foram atacados e afundados por aviões torpedeiros japoneses, em 10 de dezembro de 1941. Sem mais receios de contra-ataques pelo mar, os japoneses desembarcaram com tranquilidade no litoral da Malásia.

Avançando com os exércitos e força aérea, os japoneses empurraram as forças britânicas para o sul. A resistência das forças britânicas aos japoneses preocupou-se mais em permitir a evacuação da população civil europeia do que salvar o terreno ou retomar uma ofensiva. Os combates se encerraram em 15 de fevereiro, com a rendição das forças do general britânico Arthur Percival.

Na Campanha da Malásia ficou evidente, para os habitantes nativos, a diferença entre lutar pelo Império Britânico e lutar contra a invasão de seu território. As tropas coloniais, formadas por britânicos, malaios, indianos e australianos, mostraram pouco espírito combativo. Em situações de risco de vida, era frequente que os britânicos abandonassem os nativos à sua sorte. A revelação da fragilidade britânica mudou a perspectiva que os nativos tinham sobre o Império, mostrando que o problema maior não tinha sido a derrota contra os japoneses, mas a forma ignominiosa como ela ocorrera.

Após tomar Cingapura, os japoneses avançaram sobre as Índias Orientais, colônia holandesa. Em 17 de dezembro, uma força naval japonesa – composta por um porta-aviões, três cruzadores e quatro destróieres – desembarcou em Miri, próxima a um importante centro produtor de petróleo. Ataques aéreos em pontos estratégicos completaram a invasão. Apesar das resistências das tropas locais, em 8 de março de 1942, as Índias Holandesas se renderam.

No intervalo entre dezembro de 1941 e abril e maio de 1942, os japoneses também atacaram a Birmânia, colônia britânica, invadindo-a através da Tailândia. Seus objetivos eram obter petróleo e riquezas naturais, mas também interromper o fluxo da "estrada da Birmânia" para a China, pela qual os exércitos chineses de Chiang Kai-shek recebiam armas e suprimentos da Grã-Bretanha e dos Estados Unidos. Após intensos combates, em maio de 1942 os japoneses tomaram Mandalay. A chegada dos japoneses até as fronteiras com a Índia consolidou sua ocupação de todo o Império Britânico no sudeste asiático.

Mapa 5 – Expansão territorial japonesa – 1931-1942

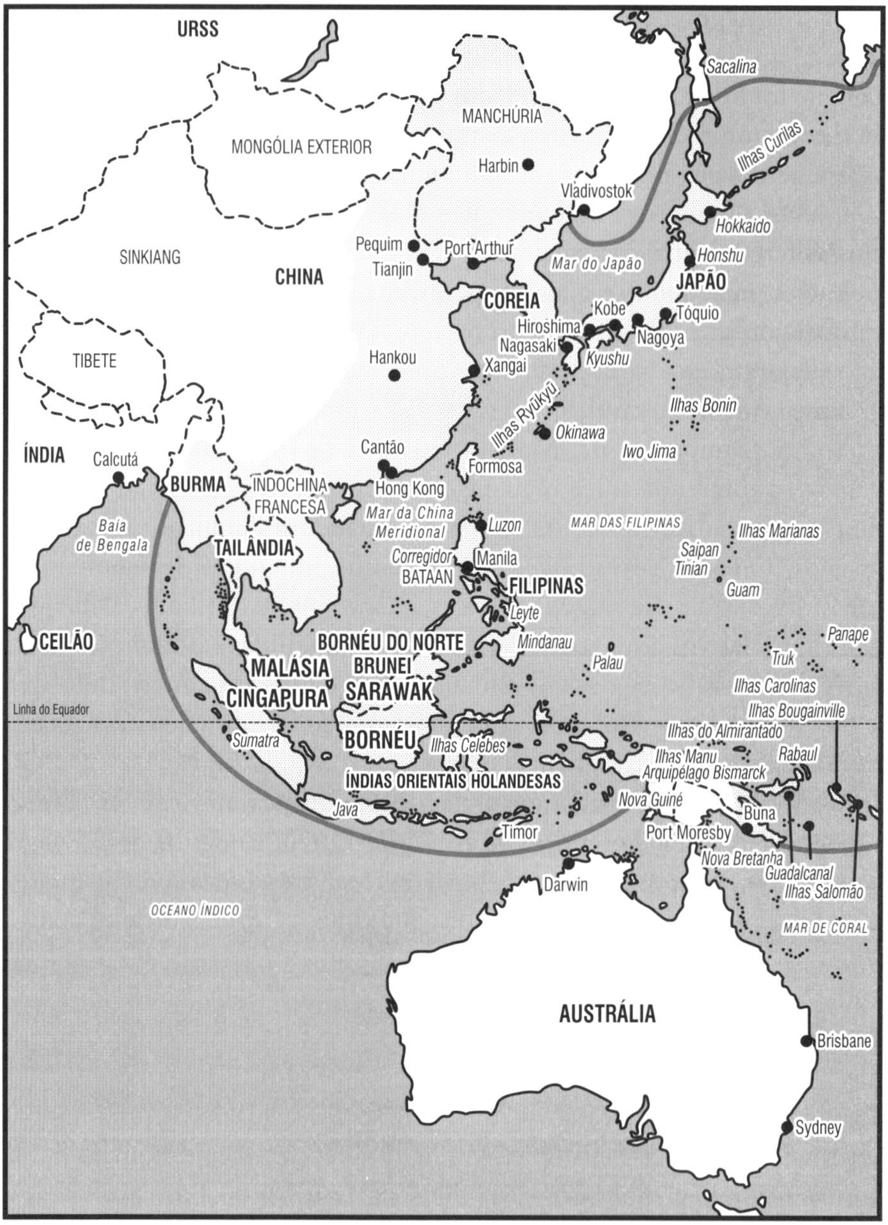

Além de tomarem para si territórios britânicos e holandeses com riquezas e potenciais estratégicos, os japoneses se concentraram em neutralizar bases militares dos Estados Unidos, não só de Pearl Harbor. Em 1941, o arquipélago das Filipinas era um protetorado dos Estados Unidos, com autonomia política e administrativa, mas protegido por bases militares americanas. Embora não tivesse riquezas cobiçadas pelos japoneses, tinha uma invejável posição estratégica. Dominá-lo permitiria ao Japão controlar a rota que ligaria as fontes de petróleo, borracha e minérios das Índias Holandesas e Malásia, bem como facilitaria ataques nipônicos ao território australiano da Nova Guiné.

Por volta do meio-dia de 8 de abril, esquadrões aéreos japoneses atacaram os aviões americanos alojados em Clark Field e destruíram dezenas deles ainda no solo, provocando ainda mais de uma centena de baixas. Esperando por reforços que nunca viriam, o comandante militar geral nas Filipinas, general Douglas MacArthur, ordenou a retirada das tropas americanas das Filipinas para a península de Bataan, próxima à Manila, capital do país. Esse movimento não poupou a capital de furiosos bombardeios diários japoneses, tampouco protegeu as tropas deslocadas, pois a região estava infestada por malária, o que em semanas afetou os combatentes. Os japoneses avançaram para Manila sem encontrar muita resistência. A partir de 9 de janeiro de 1942, as forças japonesas passaram a enfrentar as americanas e filipinas em Bataan.

Os combates duraram meses, com os atacantes japoneses também sofrendo com a malária, a beribéri e disenteria. Em 3 de abril, os invasores desencadearam uma violenta ofensiva, e em 9 de abril as forças americanas e filipinas acabaram se rendendo: 75 mil filipinos e americanos se entregavam a 50 mil japoneses. Estes se surpreenderam com o número de prisioneiros, pois esperavam um terço daquele número. Os víveres eram racionados e as perspectivas dos prisioneiros eram terríveis. Além disso, corriam soltos relatos de crueldades perpetradas pelos exércitos nipônicos. Preocupado, o comandante da rendição, major-general King, perguntou ao coronel japonês que a recebeu se haveria maus-tratos às tropas capituladas. O oficial japonês lhe respondeu: "não somos bárbaros". Palavras ditas ao vento, já que os prisioneiros sofreram grandes atrocidades, no que ficaria conhecida como a "Marcha da Morte de Bataan", em que os prisioneiros foram submetidos a atos bárbaros e obrigados a andar por mais de 100 km para o lugar onde seria sua prisão, em outra província da ilha, com água e comida negadas, ou distribuídas em níveis insuficientes para a sobrevivência. No trajeto, eram frequentemente agredidos ou até mesmo mortos pelos soldados das forças invasoras a golpes de baioneta, ou executados a tiros por motivos fúteis. Ao final da marcha, contava-se um terço dos prisioneiros mortos.

As ações de combate continuaram até os bolsões de resistência dos Aliados na ilha de Corregidor, na baía de Manila. Contudo, sem comida e meios para defesa, as forças aliadas se renderam em 6 de maio de 1942, pondo um fim à resistência às invasões japonesas nas Filipinas. Agora, o Japão tinha um império na Ásia, conquistado em um dos ambientes mais inóspitos para combate.

Em termos gerais, a guerra no Pacífico consistiu na posse de ilhas, no controle de territórios com riquezas naturais e importância estratégica, e no domínio de rotas oceânicas. Ações de combate em terra eram feitas em ilhas, em sua maioria de origem vulcânica, com rala vegetação, muito calor e umidade, e condições precárias de sobrevivência caso não houvesse o suporte dos serviços de intendência das forças armadas. Outras ações ocorriam na mata fechada de selvas tropicais, onde os insetos não eram apenas transtornos a infernizar os soldados, mas também vetores de doenças. Tais doenças, bem como aquelas relacionadas ao saneamento precário e à má qualidade da água consumida, causavam tantas baixas quanto os combates propriamente ditos. Assim como acontecia nas estepes russas com a *rasputitsa*, no sul e sudeste asiático, a estação chuvosa das monções obrigava os combatentes dos dois lados a uma pausa. Sob tais condições, inicialmente os japoneses se adaptaram melhor. Locomoviam-se com mais facilidade pelos terrenos que exigiam dos soldados orientação na mata, sabiam aproveitar a vegetação e o solo para estacionar e abrir clareiras, por um lado, e fazer e/ou evitar armadilhas e emboscadas, por outro. Com o tempo, porém, os combatentes dos Estados Unidos passariam a enfrentar melhor os desafios dos ambientes asiáticos, aperfeiçoando uniformes, alimentação e equipamentos adequados aos vários terrenos e climas encontrados.

Outra característica desse teatro de operações foi a quebra sistemática das regras, escritas e não escritas, que regulavam os procedimentos dos soldados, em relação a prisioneiros e à população civil, por parte das forças japonesas. A selvageria ocorrida na China foi repetida em Hong Kong, Java, Sumatra, Índias Holandesas, Birmânia, Filipinas. À diferença de abusos que sempre ocorrem em exércitos, no caso japonês eles eram aceitos e até mesmo estimulados pelos comandantes.

Em meados de 1942, o Império Japonês – então senhor poderoso de territórios e mares no sudeste e sul asiáticos, além de grandes territórios na China e da Coreia – vangloriava-se do sucesso de seus planos de neutralizar intervenções armadas americanas e britânicas na sua expansão da "Zona de Coprosperidade asiática". A reação do Ocidente até o momento havia sido muito pouca ou débil. O problema é que governos e suas forças armadas podem começar as guerras quando querem, mas não têm poder para terminá-las por sua vontade, nem quando, nem como querem. Na forma com que o Japão planejara e desenvolvera a sua guerra, não havia margem para negociações de paz: ou era a vitória absoluta ou a derrota absoluta.

Naquele momento, porém, não estava tão claro que o Japão não possuía os meios necessários para consolidar suas conquistas. Havia muita tensão e as informações eram desencontradas. Também não se sabia que a Alemanha, que chegara às portas de Moscou e anunciava que a capital soviética cairia em questão de semanas, estava no limite absoluto de sua expansão.

Assim, a notícia do ataque japonês aos Estados Unidos seguido da declaração de guerra deste país ao Japão provocou em Hitler um entusiasmo de que ele estava carente desde as notícias ruins da frente do leste. Para a surpresa até daqueles que eram mais próximos do Führer, Hitler resolveu declarar guerra aos Estados Unidos, no que foi seguido por Benito Mussolini.

A partir de dezembro de 1941, portanto, a guerra tornou-se definitivamente mundial e com os lados claramente definidos, sem disfarces de neutralidade: as potências do Eixo *versus* os Aliados. Estes reuniam um grande número de países, que aumentava à medida que os meses iam se seguindo, em torno da maior potência capitalista do planeta e da maior potência imperial unidas à potência comunista, dona da maior superfície territorial, rica em matérias-primas. Politicamente divergentes, os Aliados tinham, contudo, um objetivo em comum: esmagar o Eixo.

LEITURAS COMPLEMENTARES

Cardona, Gabriel; López, Rafael A. Permuy. *Pearl Harbor em chamas*: EUA entram na guerra. São Paulo: Abril Coleções, 2009, v. 12. (Col. 70º aniversário da 2ª Guerra Mundial).

Overy, Richard. *O Eixo no seu auge*: a Alemanha às portas de Moscou e o Japão hegemônico no leste asiático. São Paulo: Folha de S.Paulo, 2014.

Smith, Carl. *O dia da infâmia*: Pearl Harbor, dezembro de 1941. Barcelona: Osprey Publishing, 2009.

SUGESTÕES DE FILMES DE FICÇÃO E DOCUMENTÁRIOS

A ponte do rio Kwai. Direção de David Lean. Reino Unido/EUA, 1957.

Grandes momentos da Segunda Guerra em cores. Ep. Pearl Harbor. Direção de Nicky Bolster. Estados Unidos/Reino Unido. Série de documentário. Discovery-UK/Netflix/World Media Rights/ZDF Enterprises, 2019.

Pearl Harbor. Direção de Michael Bay. EUA, 2001.

Tora! Tora! Tora! Direção de Richard Fleischer/Kinji Fukasaku/Toshio Masuda. EUA/Japão, 1970.

A virada

A REAÇÃO SOVIÉTICA

Os revezes do final de 1941 e início de 1942 promoveram uma reorganização nos planos e na disposição dos exércitos alemães na União Soviética. A estratégia de Hitler mudou: os esforços a partir de então deveriam ser concentrados no sul, em direção ao Cáucaso e aos poços de petróleo de Baku. Não se tratava de mais um plano com vistas a uma vitória gloriosa contra a União Soviética. Era, na verdade, uma ação premente para conseguir continuar a lutar em território soviético, pois as reservas de combustível da Alemanha estavam no fim. Somente os poços da Romênia, e as limitadas linhas para levar o combustível até as unidades a mais de 1.000 km dali, não seriam suficientes para sustentar a imensa máquina de guerra alemã. Era preciso ter acesso ao petróleo no sul da União Soviética. Dessa forma, uma parte das forças alemãs foi desviada para conquistar tais poços e, de quebra, assegurar a posse da produção de grãos das estepes. Era o Plano Azul.

O Grupo de Exércitos do Sul foi dividido em dois Grupos, A e B. O Grupo de Exércitos "A" visava chegar aos poços de Baku. O Grupo de Exércitos "B", assegurar o domínio dos férteis territórios da Ucrânia. Quando estava progredindo nos combates, Hitler decidiu desviar a rota do Grupo "B", de modo a envolvê-lo nas ações para tomar Stalingrado, cidade à margem do rio Volga. A cidade tinha pouca importância estratégica naquele momento. Seu maior apelo era o nome e o impacto simbólico de sua tomada. Duas semanas depois, Hitler mudou de ideia novamente e redirecionou parte dos Panzers para as montanhas, diminuindo o ritmo para os avanços em Stalingrado.

Enquanto o Grupo "B" se atrasava no vai e vem das ordens de Hitler, em 9 de agosto de 1942 o Grupo "A" chegou aos poços de petróleo de Maykop. Mas o avanço aos poços foi de pouca serventia: os campos tinham sido destruídos previamente pelos soviéticos. Para piorar a situação, as linhas de comunicação do Grupo "A" estavam no limite. Longe das fontes de suprimento e de reforços, os alemães não poderiam avançar até os campos de petróleo do Cáucaso.

Stalingrado

Como já mencionado, estrategicamente, Stalingrado era pouco útil ao esforço alemão de retomar os avanços até a linha AA, objetivo inicial da Barbarossa. Se o que se queria era interromper os fluxos de materiais e suprimentos pela importante artéria do rio Volga, tomar Stalingrado não era necessário aos alemães, pois a Wehrmacht já controlava os acessos desse rio ao norte e ao sul da cidade. Assim, seu cerco e combate se deveram, principalmente, a uma questão simbólica de tomar a cidade com o nome de Stalin. Isso não quer dizer que Stalingrado fosse irrelevante: 25% dos tratores e caminhões da União Soviética eram fabricados na cidade, assim como uma parte de tanques e armas. Mas em um momento em que a máquina de guerra alemã estava próxima de uma pane seca, por falta de combustível, a prioridade dada a Stalingrado foi questionável.

Pelo menos em um aspecto Hitler estava certo: Stalin faria de tudo para que a cidade que levava o seu nome não fosse ocupada. Mas os motivos de tanto zelo pela cidade iam além do simbolismo do nome ou da sua relativa importância como um porto do rio Volga. O espião Richard Sorge, antes de ser preso pelos japoneses, alertara os russos de que, caso uma cidade importante do Volga fosse tomada pelos alemães, o Japão entenderia que a União Soviética estaria irremediavelmente enfraquecida, e poderia atacá-la através da fronteira manchuriana. Nenhum esforço, portanto, foi poupado para defender Stalingrado. Um terço da população da cidade foi mobilizado para construir posições defensivas, enquanto as instalações industriais e o gado foram deslocados para a margem leste do rio Volga.

Nos arredores de Stalingrado, os alemães exibiam grande poderio bélico: quase 300 mil homens, 500 tanques, 3 mil peças de artilharia, apoiados por 600 aviões da Luftwaffe. E estavam a caminho mais armas, mais tanques, mais aeronaves e, principalmente, mais homens, não apenas do Exército alemão, mas também de divisões italianas, romenas e húngaras.

O volume de homens e armas poderia ser uma vantagem. Mas também poderia ser o calcanhar de Aquiles da operação, caso ela se prolongasse mais do que o planejado. Conduzir tantas pessoas para Stalingrado, e sobretudo mantê-las alimentadas, abastecidas, armadas e equipadas, exigiria uma estrutura logística colossal. Uma coisa é colocar em linha de ataque para o início da Barbarossa, no verão, 3 milhões de pessoas e seu aparato bélico, quando as linhas de suprimentos eram próximas e fluíam com tranquilidade. Outra, muito diferente, era organizar a manutenção da vida e da capacidade de lutar de um exército de centenas de milhares de homens, em combates que poderiam atravessar o outono e inverno russos, com linhas de suprimentos esticadas a quase 2 mil km, vulneráveis a ataques e interrupções, em um terreno em que a hostilidade e a sabotagem ao ocupante/invasor eram a regra. Em suma, as forças atacantes ficariam vulneráveis a interrupções nas linhas, por ataques ou fenômenos meteorológicos. Mesmo assim, avançaram e, ao final de agosto de 1942, Stalingrado estava ao alcance das tropas lideradas pelos alemães.

A luta prometia ser brutal. O comando soviético nomeou o general Vassily Tchuikov para dirigir a resistência em Stalingrado. A proposta de Tchuikov fundamentou-se em sua experiência anterior de enfrentamento com os alemães. Naqueles combates, ele percebeu que os ataques germânicos se baseavam nos bombardeios aéreos intensos, preparando a movimentação ofensiva dos blindados e, por fim, com os avanços da infantaria, com os ataques ocorrendo a distância segura para os atacantes. Seu envolvimento nos combates corpo a corpo era raro, uma vez que a aviação, artilharia e blindados já teriam reduzido drasticamente a resistência dos defensores.

Tchuikov, então, fez as forças armadas alemãs lutarem de modo diferente do qual estavam habituadas. Aproveitou as barreiras construídas pela população da cidade, desde a periferia de Stalingrado, que, quando não interromperam os avanços alemães, conseguiram ao menos reduzir sua velocidade. Além disso, organizou armadilhas e tocaias nos escombros produzidos pelos impiedosos e destrutivos ataques da Luftwaffe. Esses escombros se tornaram ótimos esconderijos para franco-atiradores (*snipers*).

Em suma, Tchuikov atraiu os alemães para um tipo de combate para o qual não estavam tão preparados, que era a guerra rua a rua, casa a casa, cômodo a cômodo. Agora, os alemães não contavam com o apoio aéreo, tampouco da artilharia, pois estavam próximos demais dos inimigos para não serem alvejados com "fogo amigo". Dessa forma, em Stalingrado, alemães e soviéticos lutavam a curta distância, "distância de um lançamento de granada". Os tanques e as peças de artilharia alemães ficavam à distância de 10 a 50 m dos defensores escondidos, que aproveitavam e os atacavam com coquetéis molotov, rifles antitanques e peças de artilharia antitanque escondidas nos entulhos. Para agilizar mais ainda a resistência, Tchuikov organizou inúmeros pequenos grupos de soldados, com autonomia para se deslocar entre os escombros e tocaiarem o inimigo. Nessas situações, o trabalho defensivo era muito mais eficiente.

Todos os dispositivos à mão foram usados pelos 2 exércitos, durante as 11 semanas de batalha, que se traduziram em grande carnificina. Mesmo avançando quarteirão a quarteirão, os alemães foram aos poucos diminuindo a intensidade dos ataques, tantas foram as perdas em homens e em materiais.

No clímax da batalha, em outubro e novembro de 1942, as forças do Eixo em Stalingrado e arredores tinham sido reforçadas, chegando a um total de quase 1 milhão de soldados, 10 mil peças de artilharia, 500 tanques e aproximadamente 500 aviões. No início de novembro, os alemães tinham em suas mãos 90% de Stalingrado. Para quem olhava de fora, isso era um indicativo de que a tomada da cidade estava muito próxima. No entanto, os alemães haviam chegado ao seu limite. Por mais que fizessem baixas entre os soviéticos, não conseguiam avançar diante do fluxo constante de soldados, armas e munições que não paravam de chegar. Aos problemas com os soviéticos, se somavam os do fim de outono e início de inverno que se aproximava. Mais uma vez, os alemães não tinham roupas e equipamentos para suportar 20 a 30 graus abaixo de zero do frio implacável que fazia na região.

MULHERES SOVIÉTICAS EM COMBATE

A sociedade soviética empreendeu, desde a consolidação da Revolução de Outubro, um esforço para a igualdade dos sexos, particularmente em profissões caracterizadas pelo domínio masculino. Na década de 1930, contava-se um número expressivo de soviéticas como engenheiras, médicas, tecnólogas, mecânicas, aviadoras, controladoras de voo etc. Dessa maneira, quando a mobilização para a "Grande Guerra Patriótica" foi desencadeada, e como os milhares de baixas da operação Barbarossa criaram a necessidade de uma quantidade descomunal de novos soldados, muitas soviéticas entenderam que o apelo para a defesa da pátria contra o invasor nazista poderia ser atendido com sua inscrição nas fileiras combatentes. Esse movimento de alistamento feminino ocorrera desde o início da guerra, mas o recrutamento em massa das soviéticas para as atividades militares teve um grande impulso em 1943, chegando a quase um milhão o total de soviéticas combatentes até o fim da guerra. A coronel Marina Raskova, uma das líderes da mobilização feminina, tinha um lema: "Nós podemos fazer tudo".

As soviéticas se engajaram nas mais variadas funções, desde as não combatentes, como médicas, enfermeiras, operadoras de rádio, telefonistas etc., até as efetivamente combatentes, como aviadoras, observadoras aéreas, condutoras de tanques, sapadoras, municiadoras, operadoras de bateria antiaérea e franco-atiradoras. Nesta última função, que necessitava, além da precisão para abater os alvos, de um extremo autocontrole físico e capacidade de ficar em um ponto de tiro por horas, às vezes na mesma posição sem se revelar ao inimigo, ganhavam a confiança de comandantes, pois costumavam resistir mais ao frio que os homens e se acreditava que tinham "mãos mais firmes" e melhor poder de concentração.

A coragem e a eficiência das mulheres engajadas no Exército Vermelho, em Stalingrado e Kursk, estimularam seu recrutamento em maior escala. Mas as mulheres também encontraram muitos obstáculos nos exércitos soviéticos. Não havia uniformes adequados para elas, tampouco materiais de higiene feminina, como absorventes. Sua integração às unidades masculinas despertava desconfiança dos soldados, e o assédio sexual podia ser frequente, especialmente vindo de oficiais superiores, que as procuravam como "esposas de campanha". Suas relações com as civis locais, nos momentos de estacionamento de tropas, também podiam ser ruins, pois era comum que fossem vistas como "prostitutas do exército".

Havia unidades "mistas", em que elas combatiam ao lado dos homens, e unidades exclusivamente femininas. Dessas, se sobressaíram os três regimentos da força aérea soviética, com todos os membros mulheres, desde pilotos até controladoras de voo e mecânicas. Uma das unidades, famosa por seus feitos, foi o 588º Regimento Feminino de Bombardeios Noturnos, conhecido como a unidade das "Bruxas da Noite". Foram assim chamadas pelos alemães na Campanha da Rússia. Diferentemente do regimento de aviação de caça, que voava nos novos e velozes caças Yak, as "Bruxas da Noite" voavam em obsoletos e lentos biplanos Polikarpov Po-2, com fuselagem de madeira. Exatamente devido a essas características, não carregavam muitas bombas, o que as obrigava a executar várias missões na mesma noite e a não usar paraquedas, para não ter mais peso e poder voar a baixas alturas. A característica principal de suas ações, e que lhes deu o apelido, foi o fato de que, momentos antes de atacar um alvo, elas paravam os motores e planavam em silêncio para despejar as bombas e só então retomavam a aceleração. Os alemães, embaixo, somente ouviam um leve som do vento nas asas, como uma "vassoura voadora de bruxa". Os caças inimigos tinham grande dificuldade de abatê-las, pois a velocidade máxima dos Polikarpov era de 150 km por hora, bem abaixo da velocidade de sustentação no ar (estol) dos caças.

A unidade das Bruxas da Noite realizou 24 mil missões e despejou 23 mil toneladas de bombas. Seria a mais condecorada força aérea soviética. Contudo, quando a guerra acabou, muitas combatentes que voltaram para suas cidades foram marginalizadas, alvos de preconceitos decorrentes de sua convivência anterior com um grupo predominantemente masculino.

Quem parecia não ter limites era o Exército Vermelho. Em novembro chegaram às proximidades de Stalingrado 1 milhão de soldados soviéticos, bem como 13.500 peças de artilharia e 900 tanques e mil aeronaves. Não chegaram, contudo, para reforçar a defesa da cidade, mas para contra-atacar. Entre 19 e 23 de novembro, em manobra organizada pelo general Gueorgui Zhukov, os soviéticos desencadearam a operação Urano. Dividindo a força em dois grupos, um ao norte e outro ao sul, circundaram Stalingrado e avançaram com tanques T-34, cargas de artilharia e assaltos de infantaria contra as forças de retaguarda do Eixo, compostas, além de alemães, por soldados húngaros, romenos e italianos. Em movimentos de pinça, envolveram as forças do Eixo, aproveitando inclusive da carência material das unidades não alemãs, para desfechar golpes devastadores. As forças do Eixo em Stalingrado estavam então cercadas.

Sem alternativas de sair do cerco, o comandante alemão, general Paulus, pediu autorização de Hitler para recuar. Hitler negou. As mensagens dos oficiais alemães em Stalingrado imploravam por suprimentos, que não chegavam às tropas, devido ao cerco dos soviéticos. A Luftwaffe se comprometeu a suprir, pelo ar, as tropas alemãs, mas falhou mais uma vez. Uma última tentativa de aliviar o cerco foi feita por divisões Panzer do general Manstein, mas sem sucesso. As semanas se passaram e a situação ficou crítica. Sem suprimentos, sem munição, sem comida, sem peças de reposição, as forças alemãs estavam morrendo, cercadas e sem alternativas. Por mais que Hitler proibisse a capitulação, não havia jeito. Em 31 de janeiro de 1943, Paulus pediu a rendição.

A vitória soviética em Stalingrado, apesar de suas dimensões dramáticas, não foi, contudo, o divisor de águas na guerra alemã no Leste. A despeito das pesadíssimas baixas e perdas materiais, os alemães ainda estavam longe de serem derrotados. No entanto, houve uma vitória psicológica incontestável da União Soviética. Ficou claro que os alemães não eram invencíveis. Já haviam tido seu caminho até Moscou barrado, e agora, quando chegaram a uma cidade que queriam tomar, não apenas foram impedidos, mas também tiveram de se render àqueles que qualificavam desdenhosamente como "sub-humanos".

Kursk e Leningrado

Depois da vitória em Stalingrado, a tática soviética consistiu em desencadear ataques intensivos e sem pausa, simultâneos, por unidades menores, em centenas de lugares, dificultando ao máximo a reorganização do inimigo. Nesses combates, a frente alemã recuou aproximadamente 500 km no sul, onde se formou um saliente perto da cidade de Kursk. Nesse saliente, os alemães perceberam uma oportunidade de retomar a iniciativa e planejaram uma manobra de envolvimento, a operação Cidadela.

As indústrias de guerra da União Soviética estavam produzindo a toda a velocidade e gigantescas quantidades. O país ainda contava com o apoio material dos Estados Unidos e da Grã-Bretanha, que chegava pelos portos de Murmansk, no Ártico, pelo porto de Vladivostok e pelo "Corredor Persa", através de portos no golfo Pérsico e seu transporte, pela ferrovia Transiraniana, até a fronteira com a União Soviética.

Até aquele momento, os alemães haviam perdido mais de um milhão de homens e centenas de tanques. Em contrapartida, o Exército Vermelho tinha ainda milhões de homens em reserva, para recompletamento.

A Alemanha tentaria, então, um ataque devastador que faria recuperar a iniciativa em Kursk. Mas havia um problema. A inteligência soviética tinha informações cruciais sobre a operação, graças às mensagens decifradas pelos britânicos, na operação Ultra, e a um espião alemão antinazista, Rudolf Roessler (codinome Lucy). Além dos planos alemães de envolvimento das formações blindadas soviéticas, Roessler também passara aos soviéticos detalhes dos novos tanques que seriam usados na batalha, o "Tiger" e o "Panther". Portanto, os dois lados sabiam que o combate ocorreria ali. Ambos deslocaram para o local o seu melhor em forças blindadas. Mas só um lado conhecia os planos do outro.

Os alemães confiavam em seus novos tanques. Com potentes canhões de 88 mm e 75 mm, retrospectivamente, com uma blindagem muito resistente, esperavam superar em combate os tanques soviéticos T-34 e os KV-1, KV-2 e KV-85. Para isso, porém, tiveram que aguardar a indústria alemã produzi-los em quantidades capazes de permitir seu emprego em combate. A pressa em empregá-los em Kursk diminuiu a bateria de testes desses tanques, particularmente em relação à sua manutenção e a possíveis vulnerabilidades em situações de combate.

Em vantagem em relação ao inimigo, devido às informações da Inteligência, os soviéticos se prepararam para o combate. Fizeram quilômetros de valas e armadilhas antitanques, campos minados, e posicionaram artilharia pesada de longo alcance, artilharia antitanque e foguetes Katyushas. Com esses obstáculos, pretendiam deter as formações Panzer no meio do caminho e desencadear o contragolpe devastador. Para cada tanque alemão havia 3 canhões antitanques, 9 tanques, 50 foguetes por hora e 150 minas. Os que conseguissem resistir a tal poder enfrentariam 3.500 tanques T-34.

Em 5 de julho se iniciou a primeira fase da batalha, em que as barreiras físicas feitas pelos soviéticos reduziram a progressão alemã e destruíram parte de sua força. A segunda fase, a partir de 12 de julho, consistiu na concentração dos blindados em uma batalha furiosa envolvendo 1.200 tanques. Ao final, a vitória soviética foi incontestável. Os alemães haviam começado a lutar com menos tanques, menos artilharia anticarro e menos homens. Se tivessem o elemento surpresa, poderiam ter uma chance. Mas os soviéticos já sabiam que os alemães atacariam por ali, e de que forma.

A VIRADA **111**

Assim, Kursk foi uma batalha decisiva. A principal vantagem alemã, em material de combate e estratégia ofensiva, acabou derrotada em seu próprio "jogo". A partir de então, nenhuma ofensiva em grande escala poderia mais ser feita pelas forças do Eixo.

No outono de 1943, os alemães encontravam-se rechaçados de suas posições no início do ano e empurrados 700 km a oeste. O próximo objetivo dos soviéticos seria Kiev: tentariam reconquistá-la no início de novembro de 1943. Os alemães ofereceram grande resistência, mas não conseguiram mantê-la. Em 7 de novembro, o Exército Vermelho recuperou a cidade ucraniana.

Os sucessos militares soviéticos eram significativos, mas faltava libertar não apenas uma cidade, mas um símbolo: Leningrado. No primeiro ano de cerco, Leningrado esteve à beira do colapso total. A única ajuda que recebia era via leito congelado do lago Ladoga. Apenas em fevereiro de 1943, os soviéticos conseguiram abrir um corredor de 10 km em que trens começaram a fornecer víveres para a cidade. O cerco continuava, porém, e o fluxo de alimentos e outros produtos essenciais era instável. Em outubro de 1943, o Exército Vermelho atacou com intensidade o Grupo de Exércitos do Norte, invertendo os sinais do cerco: agora eram os alemães que estavam cercados. Em 27 de janeiro de 1944, a cidade finalmente foi liberada do cerco que a fez perder um milhão de civis.

As ilusões de conquista do "espaço vital para a nação ariana" chegavam ao fim. Os alemães bateram em retirada, espalhando, em seu recuo, mortes e destruição material, procurando arrasar tudo o que encontravam pelo caminho.

LEITURAS COMPLEMENTARES

ALEKSIÉVITCH, Svetlana. *A guerra não tem rosto de mulher*. São Paulo: Companhia das Letras, 2016.

BEEVOR, Antony. *Stalingrado*: o cerco fatal 1942-1943. Rio de Janeiro: Bestbolso, 2017.

SILVA, Francisco Carlos Teixeira da; PITILLO, João Claudio Platenik; VINHAS, Ricardo Quiroga (eds.). *A grande guerra patriótica dos soviéticos, 1941-1945*. Rio de Janeiro: Multifoco, 2019.

WERTH, Alexander. *Stalingrado, 1942*: o início do fim da Alemanha nazista. São Paulo: Contexto, 2015.

SUGESTÕES DE FILMES DE FICÇÃO E DOCUMENTÁRIOS

STALINGRADO – BATALHA FINAL. Direção de Joseph Vilsmaier. Alemanha, 1993.

STALINGRADO. Episódio No. 4, 1ª temporada, da série *Battlefield*. (Documentário em 30 episódios sobre a Segunda Guerra Mundial). Documentário. EUA, 1994.

CAMPANHA DA ITÁLIA

A necessidade de abertura de uma segunda frente na Europa foi um dos principais tópicos da Conferência de Chefes de Estado Aliados em Casablanca, Marrocos, em janeiro de 1943.

A proposta britânica era iniciar uma campanha na Itália, que segundo Churchill, era o "ventre macio da Europa", ou seja, um país militarmente vulnerável. Começando pela Sicília, mais próxima das tropas aliadas que estavam na Tunísia, os Aliados garantiriam o domínio do mar Mediterrâneo e, depois, invadiriam e dominariam a Itália. A partir de lá, os Aliados poderiam avançar para o norte, se encontrando com o Exército Vermelho e, finalmente, invadindo a Alemanha.

A proposta americana era atravessar o canal da Mancha e desembarcar no litoral norte da França. De lá, os Aliados avançariam para as áreas industriais da Alemanha, o Ruhr e o Saar, acabariam com o poder de guerra germânico e chegariam a Berlim.

O que os britânicos propunham era mais factível naquele momento: havia aproximadamente um milhão de soldados Aliados no norte da África, com armas e recursos materiais. Além disso, ainda não estava pronta a estrutura, em termos de materiais e efetivos, para uma invasão na França, contra um inimigo muito mais poderoso e experiente. Assim, concluiu-se que a travessia do canal da Mancha deveria esperar seu melhor momento e a Sicília foi, portanto, a escolhida para ser a porta de entrada da invasão; iniciava-se a operação Husky.

Uma vez escolhido o local, britânicos e americanos trataram de criar melhores condições para o sucesso da campanha. Os britânicos desenvolveram uma artimanha para desviar os esforços de defesa alemães da Sicília para a Grécia e a Sardenha, através da operação Mincemeat: um cadáver com uniforme de oficial britânico foi deixado na costa espanhola com uma pasta que continha planos (falsos) de invasão aliada pela Grécia e pela Sardenha. Autoridades espanholas, simpáticas ao Eixo, mostraram os documentos aos alemães, e estes morderam a isca, reorganizando a defesa do continente europeu. Retiraram tropas da Sicília e direcionaram as forças principais para a Sardenha e a Grécia.

Já os americanos providenciaram algo mais questionável eticamente, a operação Submundo, que consistiu na negociação entre a Inteligência da Marinha e um dos mais importantes chefes da Máfia italiana nos Estados Unidos, Lucky Luciano, para usar seus contatos mafiosos na Sicília e sul da Itália, no sentido de obter informações importantes sobre as forças do Eixo na região, bem como facilitar as ações aliadas na ilha. Em contrapartida, o governo americano comutaria a pena de Luciano e ele poderia voltar, livre, à Itália. O acordo traria vantagens para os dois lados.

Dois meses depois da vitória na Tunísia, os Aliados desembarcaram na Sicília, em 10 de julho de 1943. A força de invasão era a maior da história até então: 2.600 navios, 180 mil homens, 4 mil aviões. Somente no primeiro dia, 80 mil homens, 3 mil veículos, 300 tanques e 900 peças de artilharia foram desembarcados. Liderando as tropas, dois generais tão consagrados quanto polêmicos: o britânico Bernard Montgomery e o americano George Patton.

A princípio, o 8º Exército de Montgomery encontrou mais resistências no sudeste da ilha. O exército de Patton avançou com tranquilidade. As forças italianas na Sicília, impotentes, se renderam em massa, às vezes regimentos inteiros. Enquanto isso, os Aliados bombardeavam Roma, provocando o descontentamento da população com relação ao governo fascista.

Esses acontecimentos desencadeariam profundas mudanças políticas na Itália. Em 23 de julho de 1943, Mussolini foi deposto e preso por membros do próprio governo fascista, e o marechal Badoglio se tornou o chefe de Estado do governo provisório italiano. Embora declarasse em público que a guerra continuava, Badoglio entrava em entendimentos com representantes aliados para negociar a rendição italiana.

Em cinco semanas de avanços aliados, os alemães haviam sido expulsos da Sicília. As forças germânicas então enviaram suas tropas através do estreito de Messina, para o continente, em 11 de agosto de 1943. Dezenas de milhares de homens e seus equipamentos estavam agora no continente, aguardando a invasão aliada.

Um evento na Sicília mudou, porém, a configuração dos comandos aliados. O general Patton, em visita a um hospital de campanha, perdeu a paciência com um soldado, que numa crise de nervos disse que não aguentava mais aquela guerra, e o estapeou, na frente de outros soldados e de correspondentes de guerra. Dias depois, outro incidente semelhante. Mesmo pedindo publicamente desculpas, Patton foi afastado de seu comando, sendo substituído por um general ainda inexperiente, Mark Clark.

Mapa 6 – Campanha da Itália

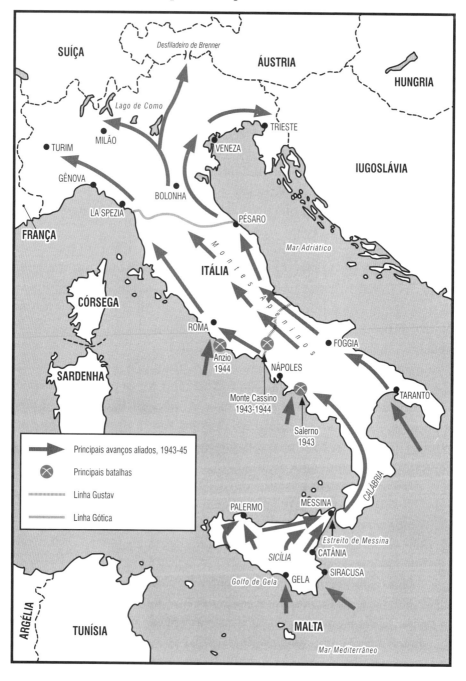

Em 3 de setembro, os Aliados invadiram a Itália, através de desembarque das forças do 8º Exército britânico de Montgomery em Reggio Calabria, no mesmo dia em que o marechal Badoglio concordava com um armistício com os Aliados. Os italianos, ainda em negociação, insistiam na proteção de Roma contra possíveis ataques de represália germânicos quando o armistício fosse anunciado. Contudo, os Aliados não podiam proteger a capital e os territórios ao norte de Roma, pois o raio de alcance da aviação aliada, situada na Sicília, para proteção do desembarque e cobertura de operações militares, chegava no máximo até Salerno.

Defesas tenazes, avanços difíceis

O planejamento para o desembarque aliado em Salerno foi desastroso. Numericamente, as forças destacadas para a invasão anfíbia eram insuficientes. Nos barcos de transporte, em 8 de setembro, a caminho do desembarque anfíbio, as tropas ouviram a transmissão de rádio do general Eisenhower, anunciando a rendição da Itália. Houve grande euforia entre os soldados, que, naturalmente, ficaram mais relaxados, entendendo que o desembarque seria fácil e sem riscos.

Porém, prevendo o armistício, Hitler tinha mandado forças para a Itália. Surpresos, os italianos foram rendidos pelos alemães. Seus antigos companheiros de armas eram agora inimigos. Os alemães entraram em Roma e organizaram a defesa contra o avanço dos Aliados.

Portanto, em Salerno, os alemães estavam à espera, na manhã de 9 de setembro. Por quatro dias, sob intensa barragem de fogo, os Aliados não conseguiram sair da praia. Mark Clark chegou a cogitar uma retirada das praias, mas o apoio de bombardeios, pelo ar e pelo mar, acabou consolidando a posição aliada.

Os alemães estabeleceram então defesas em linhas. No espaço entre o sul da Itália e Roma, foi formada a Linha Gustav, um emaranhado de posições defensivas em montanhas, vales, desfiladeiros, que cortava transversalmente a Itália, do mar Tirreno ao mar Adriático. Em vez de os alemães recuarem para o norte, optaram por defender o caminho até Roma.

Em 12 de setembro de 1943, uma missão ordenada por Hitler resgatou Mussolini, que estava detido em uma estação de esqui nos Montes Apeninos. Ele foi levado de avião até Hitler. Dias depois, foi formado um Estado paralelo na parte da Itália não ocupada pelos Aliados, chamado República Social Italiana, comandado por um regime fantoche com sede na cidade de Saló, na Lombardia, onde Mussolini passou a habitar.

Enquanto Hitler tentava salvar as posições do Eixo na Itália, o marechal Kesselring, um especialista em táticas defensivas, comandava o estabelecimento das defesas alemãs em território italiano. O terreno do país era favorável às linhas defensivas. A espinha dorsal de cadeias de montanhas por toda a Itália obrigava os Aliados a avançar pelas planícies costeiras. Para bloquear os caminhos, sob o comando de Kesselring, os alemães destruíram as linhas de comunicação que poderiam ser usadas pelos Aliados em seu avanço, como pontes, ferrovias e estradas.

Em 25 de setembro de 1943, o 7º Exército britânico, que estava a leste, e o 5º Exército americano, a oeste, se encontraram e estruturaram

Campanha da Itália: combates duros em terreno acidentado e favorável aos defensores alemães dos pontos estratégicos ocupados. (National Archives and Records Administration, julho de 1944)

uma linha que cortava a Itália transversalmente, do Tirreno ao Adriático. Havia, porém, uma longa campanha pela frente, enfrentando um inimigo que se defendia extremamente bem em linhas.

Os Aliados foram avançando através da costa oeste, chegando a Nápoles. A solução dos Aliados para flanquear as linhas alemãs seria fazer desembarques anfíbios e executar um avanço em dois movimentos. Dois exércitos americanos atacariam as defesas alemãs em Cassino, onde se encontrava uma das maiores resistências de defesa da Linha Gustav. A ideia era atrair os reforços alemães e lá mantê-los ocupados. Enquanto os alemães se dirigissem para defender o Monte Cassino, seria realizado o segundo movimento, que consistiria no desembarque em Anzio, a 35 km de Roma.

Em 20 de janeiro de 1944, o 5º Exército americano tentou avançar sobre aquele ponto da Linha Gustav, mas falhou. O ataque a Anzio ocorreu dois dias depois de desencadeado o primeiro ataque a Cassino. O desembarque, feito com apenas duas divisões, não encontrou resistência imediata, pois os alemães, embora esperassem por uma operação anfíbia, não sabiam onde seria feita, tampouco tinham pessoal suficiente para cobrir todas as praias possíveis.

Contudo, ao invés de avançarem em direção a Roma, os americanos ficaram na cabeça de ponte em Anzio, temendo um contra-ataque. O problema principal era que, entre os seus exércitos e Roma, estava a Linha Gustav e seu local mais estratégico, Monte Cassino – um ponto fortemente defendido, que dominava do alto as rotas e os movimentos inimigos. Os Aliados, equivocadamente, achavam que a abadia medieval beneditina, no cume do Monte Cassino, estava sendo usada pelos alemães contra suas posições. Na verdade, as peças de artilharia não estavam na abadia, mas nas colinas que se situavam abaixo de suas muralhas. O próprio marechal Kesselring havia se comprometido, perante o papado e aos Aliados, a não usar a abadia para fins militares.

Mas as sucessivas derrotas nas tentativas de tomar a elevação convenceram o comandante aliado naquela posição, o general neozelandês Bernard Freyberg, de que somente um ataque devastador ao topo, portanto, à abadia, colocaria fim ao domínio alemão daquela posição. Assim, em 15 de fevereiro de 1944, 200 aviões aliados destruíram a abadia. Os únicos resultados reais desse ataque foram a morte de mais de uma centena de refugiados da guerra, que nela haviam se abrigado – imaginando que esse jamais seria alvo de um ataque tão bárbaro –, e a destruição de um patrimônio histórico incalculável. Contudo, foram preservados da destruição cerca de 1.400 códices e várias obras de arte, inclusive quadros de Leonardo da Vinci, Rafael e Ticiano, que acabaram sendo levados para o Vaticano por dois oficiais alemães, autorizados por Kesselring. Assim, com esse ataque, os alemães não só não foram atingidos, como ainda se aproveitaram dos escombros da abadia para se abrigar dos Aliados e os fustigarem ainda mais. Por mais três meses e três tentativas frustradas, os Aliados não conseguiram dominar aquele objetivo.

Somente em maio de 1944, com grande superioridade numérica, mais movimentos de flanqueamento do Monte Cassino e grande apoio aéreo, os Aliados conseguiram tomar o Monte. Foi uma vitória amarga. Os Aliados somaram 50 mil baixas para conquistar um ponto que, ao final dos combates, já não concentrava mais os alemães, cujas baixas foram bem menores (20 mil). Estes haviam se retirado para o norte, sob as ordens de Kesselring, para se reorganizar e resistir ao avanço dos Aliados em outro local.

A partir de então, os Aliados se viram diante da oportunidade de cercar e interromper o deslocamento dos alemães, evitando outras linhas defensivas. Assim, Mark Clark recebeu ordens para se dirigir a leste e interceptar os alemães. O general americano, contudo, desobedeceu às ordens e dirigiu seus exércitos a Roma. A capital italiana não era mais objetivo militar e já tinha sido considerada uma "cidade aberta". Na perseguição pela primazia de "libertar" a cidade, Mark Clark acabou deixando os alemães se reorganizarem em outra linha, a Linha Gótica. Além disso, outro evento minaria o suposto brilho do "Libertador de Roma": dois dias depois da "libertação" da cidade, todas as atenções do mundo estariam voltadas para o desembarque na Normandia, no "Dia D".

A Força Expedicionária Brasileira

A situação dos Aliados na Itália se complicou quando, em junho de 1944, como havia sido combinado com o Comando das Forças Aliadas na Europa, sete divisões de exército foram transferidas para a operação Dragão, de desembarque no sul da França.

Um alívio parcial ocorreu com a chegada de algumas divisões de diversos países, que ficaram sob a autoridade do 5º Exército americano e do

8º Exército britânico. Esta babel de exércitos criou, contudo, dificuldades para os comandantes obrigados a lidar com forças armadas de 13 nações, com diferentes armas, línguas, hábitos e costumes: além de americanos e britânicos, havia canadenses, poloneses, franceses, gregos, australianos, indianos britânicos, neozelandeses, sul-africanos, italianos antifascistas, marroquinos e uma divisão de exército sul-americana, a Força Expedicionária Brasileira (FEB).

A FEB foi o único exército latino-americano a combater na Europa. O torpedeamento de navios mercantes na costa brasileira, a partir de agosto de 1942, motivou o governo brasileiro a declarar guerra ao Eixo. No entanto, declarar guerra era muito mais fácil do que reunir condições para participar ativamente dela. Sem recursos humanos e materiais adequados para a guerra que se combatia na Europa, o Exército brasileiro dependeria de armas e equipamentos fornecidos pelos Estados Unidos.

O plano inicial era enviar um Corpo de Exército, uma força de aproximadamente 60 mil homens. Contudo, os resultados decepcionantes da seleção médica reduziram as expectativas do governo brasileiro. Para piorar, foram numerosos os pedidos de dispensa da incorporação ao Corpo Expedicionário, reforçados pela pressão de padrinhos políticos e poderosos locais. No final do processo seletivo, os comandantes militares brasileiros desistiram de enviar um Corpo de Exército e definiram a formação de uma divisão de 25 mil homens, a FEB. Essa força se integraria ao 4º Corpo do 5º Exército na Campanha da Itália. Com a FEB, deslocou-se para a Itália também um Grupo de Aviação de Caça da Força Aérea Brasileira.

Uma das características mais marcantes da Força Expedicionária Brasileira foi seu caráter de integração racial. Diferentemente de outras unidades de exércitos aliados, que segregavam não brancos em unidades separadas, os expedicionários brasileiros não tinham separação: brancos, negros, descendentes de indígenas, mestiços, todos juntos na mesma divisão. O contraste era mais flagrante quando se comparava com a divisão de exército americana segregada, que atuava ao lado da FEB, a 92ª Divisão. Isso não quer dizer que não tenha havido episódios de racismo entre as fileiras da FEB, mas foram ocorrências ocasionais, não institucionais.

As tropas brasileiras se deslocaram para o teatro de operações da Itália em cinco escalões. O primeiro chegou a Nápoles em 16 de julho de 1944. Após treinamento no ambiente de combate, os membros desse escalão tiveram seu batismo de fogo em setembro do mesmo ano. Os escalões seguintes foram encaminhados com pouco treinamento e logo entraram em combate também. De início, foram empregados em frentes mais tranquilas, depois progredindo em combates mais complexos e mais perigosos.

A FEB integrou os esforços dos Aliados no combate à Linha Gótica. Uma vez que os Aliados já estavam avançando em direção à Alemanha, seja pela frente oriental, pelo Exército Vermelho, seja na ocidental, após os desembarques na Normandia e na Provença, o objetivo do 4º Corpo de Exércitos Aliados era avançar até o norte da Itália e, nesse esforço, evitar o recuo das divisões alemãs à Áustria onde reforçariam sua resistência aos Aliados.

A partir de novembro de 1944, a FEB recebeu a incumbência de tomar um conjunto de elevações nos Monte Apeninos. Essas elevações estavam ocupadas por alemães, que impediam, com sua artilharia, a progressão do 8º Exército britânico.

Entre novembro e dezembro de 1944, quatro tentativas da FEB, em conjunto com forças americanas, ou isoladas, para conquistar essas elevações, especialmente os montes Castello, Belvedere e Della Torraccia, fracassaram. Esses revezes se deram em razão da eficiência da defesa alemã, já conhecida por tropas veteranas dos Aliados desde 1943, das condições do tempo, que impediam apoio aéreo, e dos erros de comando americano e brasileiro, com ações mal planejadas.

Com a pausa de combates no inverno, somente entremeada por ações de patrulhas, os brasileiros puderam estudar os erros cometidos e se preparar melhor. Os americanos também planejaram melhor as ações e desenvolveram a operação Encore, com o objetivo de tomar definitivamente aquelas elevações. Juntamente com a FEB, foi empregada uma divisão americana especializada em combate em montanhas, a 10ª Divisão. Além disso, foi possível, pela primeira vez, contar com apoio aéreo. À FEB coube tomar Monte Castello, enquanto à 10ª de Montanha coube conquistar o Monte Belvedere. Em 21 de fevereiro de 1945, a FEB conquistou seu objetivo. A 10ª de Montanha conquistou o seu no dia seguinte, depois de muitas baixas. Com a liberação dos montes, o 8º Exército britânico já podia tomar Bolonha e finalmente cruzar a Linha Gótica.

Depois disso, os brasileiros continuaram sua progressão, vencendo um combate misto, urbano e rural, em Montese. Passaram então a perseguir e cercar as forças alemãs que estavam se deslocando em direção ao norte, o que conseguiram na localidade de Fornovo di Taro, entre 26 e 29 de abril de 1945. Mesmo em inferioridade numérica, os brasileiros cercaram a 148ª Divisão alemã e obtiveram sua rendição. Tal capitulação foi algo pouco usual na Campanha da Itália, pois as rendições, quando aconteciam, sempre eram feitas nos níveis de companhias, batalhões ou no máximo, regimentos, já que a Campanha da Itália era travada em terrenos montanhosos, vales estreitos, ravinas, desfiladeiros, o que impedia o uso de tanques e de deslocamento em grandes unidades de exército.

Mapa 7 – Campanha da FEB na Itália

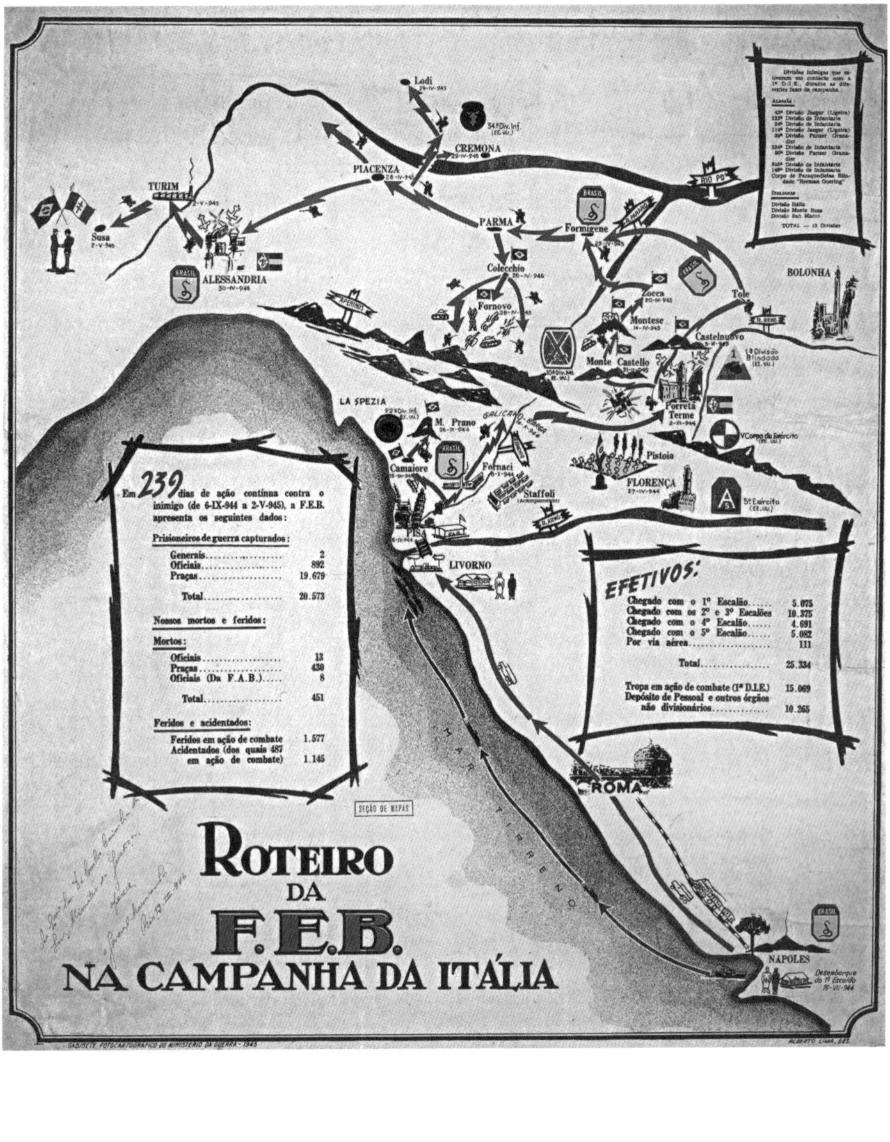

Domínio público / Acervo Arquivo Nacional

O fim da guerra na Itália

Enquanto as tropas brasileiras recebiam a rendição de uma divisão alemã, por toda a Itália os *partigiani* (guerrilheiros italianos antifascistas) decretavam uma revolta geral, e o 8º Exército avançava em direção a Veneza e à fronteira da Itália com a Iugoslávia. Em 2 de maio de 1945, rendidas as forças alemãs por toda a Itália, a guerra teve fim no país.

A Campanha da Itália foi uma das mais difíceis de toda a Segunda Guerra Mundial. O ambiente italiano se caracterizou, entre 1943 e 1945, por extremos climáticos de frio congelante – o pior inverno do século na Itália ocorreu entre 1944 e 1945, com temperaturas de até 20 graus negativos, chuvas torrenciais, terrenos enlameados no outono e, no verão, calor sufocante. Mas foi de fato a configuração do relevo que impôs aos atacantes barreiras defensivas que faziam qualquer progressão ser lenta e sujeita a um número altíssimo de baixas. As vantagens numéricas e materiais dos Aliados não faziam tanta diferença neste teatro de operações. O "ventre macio e quente" da Europa, nas palavras de Churchill ao se referir ao país que considerava militarmente vulnerável, nunca existiu. Nenhum soldado da Campanha da Itália chegou à Alemanha.

Exatamente porque acabou se tornando, depois do Desembarque na Normandia, uma frente "secundária", criticou-se muito no pós-guerra as razões de se fazer uma campanha na Itália, quando se poderia empregar mais homens e armas em outras frentes. Na verdade, como costuma acontecer em análises contaminadas pelo "resultado final", é mais fácil advogar, depois de encerrada a guerra, que aquela seria uma "frente inútil", do que entender o que estava em jogo no momento, e que possibilidades e informações os Aliados dispunham em 1943. Se os comandantes aliados não estivessem convencidos de que a criação da frente italiana seria a mais viável naquele momento, enquanto a invasão na Normandia ainda engatinhava, não teriam nem organizado a operação, mesmo com todos os possíveis protestos dos britânicos.

Todavia, como já visto, as dificuldades encontradas na Itália foram muito maiores do que os Aliados esperavam. Frente a isso, os Aliados deram prioridade ao desembarque na Normandia e apostaram na manutenção, na campanha italiana, de tantas divisões alemãs quanto possível. Essas divisões certamente fizeram falta na defesa da Alemanha. Daí consideramos necessário destacar o caráter interdependente da guerra, que faz com que um soldado ou unidade empregado em uma frente "secundária" seja tão importante quanto aquele que está na frente considerada "principal".

LEITURAS COMPLEMENTARES

BERTONHA, João Fábio. *Patton*: o herói polêmico da Segunda Guerra. São Paulo: Contexto, 2011.

FERNANDES, Fernando Lourenço. *A estrada para Fornovo*: a FEB, outros exércitos e outras guerras na Itália, 1944-1945. Rio de Janeiro: Nova Fronteira, 2009.

FERRAZ, Francisco Cesar. *Os brasileiros e a Segunda Guerra Mundial*. Rio de Janeiro: Jorge Zahar, 2005.

MAXIMIANO, Cesar Campiani. *Barbudos, sujos e fatigados*: soldados brasileiros na Segunda Guerra Mundial. São Paulo: Grua, 2010.

SUGESTÕES DE FILMES DE FICÇÃO E DOCUMENTÁRIOS

DUAS MULHERES. Direção de Vittorio de Sica. Itália, 1960.

PATTON – REBELDE OU HERÓI? Direção de Franklin Schaffner. EUA, 1970.

ROMA, CIDADE ABERTA. Direção de Roberto Rosselini. Itália, 1945.

A "APLICAÇÃO ADEQUADA DE UMA FORÇA ESMAGADORA"

Quando soube do ataque japonês a Pearl Harbor, o primeiro-ministro inglês Winston Churchill não conteve seu entusiasmo. Para ele, a sorte do conflito estaria selada em favor dos Aliados em razão de "uma aplicação adequada de uma força esmagadora". Contudo, a vitória aliada não foi tão fácil e imediata como o primeiro-ministro britânico pensou na ocasião.

Para que houvesse mobilização total nos Estados Unidos, foi preciso vencer resistências culturais e políticas entre os americanos. Além do mais, os Estados Unidos não dispunham de tudo de que necessitavam para entrar em guerra. Mesmo uma potência de dimensões continentais precisava garantir o fornecimento de matérias-primas de que não dispunha, assim como a segurança das três Américas.

Mobilização hemisférica

As preocupações com a proximidade de uma guerra que afetasse o continente americano já estavam na pauta dos Estados Unidos e das outras nações do continente, antes mesmo de os primeiros tiros serem dados na Europa.

A América Latina possuía riquezas minerais, extrativas, agrícolas e pecuárias que seriam essenciais numa mobilização de produção para a guerra que se aproximava: petróleo, ferro, bauxita, cobre, níquel, estanho, salitre, bor-racha, algodão, café, cacau, açúcar, cânhamo, óleos vegetais etc. Na década de 1930, num esforço de fazer grandes reservas para a guerra que desencadearia, a Alemanha adotava uma política comercial bastante intensa na aquisição desses importantes produtos, competindo diretamente com os Estados Unidos.

No final da década de 1930, porém, os Estados Unidos adotaram ações diplomáticas mais incisivas contra os avanços germânicos no con-tinente, combinadas com a intensificação da Política da Boa Vizinhança, que já desenvolvia com os países ibero-americanos. Essa política significava também acordos e intercâmbios culturais. Era um negócio aparentemente bom para todas as partes. Programas científicos, técnicos e culturais contri-buíam para a modernização das nações ao sul do Rio Grande. As empresas americanas, por sua vez, estabeleciam sólidas estruturas no continente. E as forças armadas latino-americanas recebiam treinamento e armas dos Estados Unidos. No entanto, era uma relação assimétrica: as Américas que haviam sido no passado colônias espanhola e portuguesa ofereciam seus produtos primários e seu exotismo cultural, e recebiam lições de desenvol-vimento, tecnologia e cultura "superior".

Em nome da defesa das Américas, os Estados Unidos organizaram a sua defesa: compravam produtos, vedavam o acesso do continente aos ini-migos, expulsavam o Eixo do espaço aéreo sul-americano. Esse foi um caso exemplar de "boa vizinhança" vinculada ao esforço de guerra aliado. A título de investimento nas companhias americanas, o governo dos Estados Unidos financiava a construção e reforma de aeródromos e bases aéreas nas três Américas. Em contrapartida, os governos latino-americanos aliados pressio-navam pelo fechamento de companhias e rotas aéreas vinculadas aos países do Eixo, que operavam no continente, e pela sua absorção pela Pan American Airways, a Pan Am, através de subsidiárias formalmente "nacionais", como a Panair do Brasil, a Compañía Mexicana de Aviación e a Compañía Nacional Cubana de Aviación, entre outras. Além do mais, os Estados Unidos trei-navam e armavam, dentro do possível, as forças armadas de seus principais parceiros latino-americanos, particularmente os brasileiros.

Com o envolvimento assumido na guerra, o fluxo de navios mercan-tes carregados com produtos latino-americanos para os Estados Unidos se intensificou. O "Arsenal da Democracia" dependia das matérias-primas das Américas. Ataques de submarinos alemães, nas costas de Estados Unidos e Caribe, fizeram vários países latino-americanos perderem navios e tripulações.

Em 1942, a ousadia dos U-Boots do Eixo em atacar nos litorais americanos, no norte e no sul, fez com que países como Brasil e México declarassem guerra ao Eixo. O envolvimento das Américas já era sem volta.

Quando a guerra chegou aos Estados Unidos, iniciou-se a mobilização interna. Sob supervisão do governo federal, os setores privados converteram suas estruturas produtivas para as prioridades de guerra. A conversão foi intensa. Indústrias de bens de consumo agora produziam tanques, peças de artilharia e aviões. Outras indústrias foram criadas para processamento de sucata e materiais usados – metais, borracha, gorduras, óleos etc. Contudo, tais mudanças afetaram pouco o dia a dia dos americanos. Devido à Depressão, havia uma subutilização da indústria antes da guerra. Assim, as necessidades do conflito não provocaram o transtorno que a conversão industrial causou nas outras potências combatentes.

Garantir a produção para as necessidades de guerra significou, para o governo federal, aumentar substancialmente o déficit público. Para pagá-lo, foi preciso desenvolver algumas ações. Uma delas foi a ampliação da base tributária. De 4 milhões de declarantes antes da guerra, a base foi ampliada para 43 milhões; entre os assalariados, o imposto de renda começou a ser descontado na fonte, uma novidade no país. A tributação, porém, foi progressiva. Os mais pobres pagavam pouco. O imposto ia aumentando as alíquotas de tributação até chegar entre os mais ricos. Durante os anos de guerra, os milionários tiveram descontados em impostos até 90% de seus rendimentos. A tributação, no entanto, pagava apenas uma parte da dívida pública (41%). A outra parte (59%) era paga através da tomada por empréstimos do governo a instituições financeiras privadas e da emissão de Bônus de Guerra, que eram títulos de dívida pública, vendidos aos cidadãos para resgate com juros no futuro pós-guerra. Portanto, todas as áreas da vida econômica e social acabaram sendo mobilizadas para a guerra.

Uma das áreas que mais contribuíram para tal esforço foi a da ciência e tecnologia. São bastante conhecidas as contribuições de cientistas no Projeto Manhattan (de desenvolvimento da bomba nuclear), no aperfeiçoamento de radares, explosivos, combustíveis, propelentes, aeronáutica, instrumentos ópticos, detecção por ondas de rádio, medicamentos e técnicas cirúrgicas que salvaram vidas. Contudo, é digno de nota que as ciências humanas também se envolveram na guerra, de acordo com suas especialidades. Antropólogos forneceram perfis sociais e culturais dos inimigos e dos possíveis aliados. Pesquisadores nas universidades desenvolveram trabalhos e fizeram relatórios sobre a frente doméstica americana, as relações raciais durante a guerra, os conflitos internos, o impacto do trabalho feminino e a posição da mulher, as ansiedades da sociedade no que diz respeito à reconversão econômica para tempos de paz, entre outros temas, que serviriam de base para políticas adotadas pelo governo federal e pelas forças armadas. No pós-guerra, por exemplo, os planos de reconversão da economia de guerra para a de paz seriam aplicados a partir desses estudos exaustivos, particularmente os programas de reintegração dos 15 milhões de soldados à sociedade.

Os resultados de toda mobilização, militar e civil, foram expressivos. Em quatro anos de guerra, os Estados Unidos produziram 297 mil aviões, 193 mil peças de artilharia, 86 mil tanques, 2 milhões de caminhões de uso militar, 8.800 navios de guerra e 87 mil lanchas de desembarque, além de 2.700 navios mercantes pré-moldados, os Liberty Ships. Em 1944, os Estados Unidos produziam um navio por dia e um avião a cada cinco minutos. E, tão importante quanto, desenvolviam e fabricavam modelos cada vez mais aperfeiçoados de armas e equipamentos bélicos. No mesmo ano, comparando com a produção bélica mundial, os Estados Unidos produziram 40% do total de armamentos de todo o mundo. Tudo isso comprometendo apenas 40% do Produto Interno Bruto (PIB) do país, enquanto as outras potências beligerantes gastavam mais da metade de seus PIBs na guerra. Somando a produção para a guerra e a produção de todos os outros bens e serviços, o PIB americano cresceu espantosamente: em 1940, era de 99 bilhões de dólares; em 1944, 212 bilhões de dólares. A distância entre a produtividade dos Estados Unidos e a dos países do Eixo foi ficando cada vez maior.

Além de alimentar o consumo voraz de suas forças armadas, os Estados Unidos puderam armar seus aliados, como a Grã-Bretanha e a União Soviética. Esta última recebeu, através do programa de Empréstimo e Arredamento (*Lend and Lease*), aproximadamente 500 mil veículos, sendo 200 mil caminhões pesados (Studebaker), 151 mil caminhões leves, 70 mil Jeeps, 35 mil transmissores de rádio, 380 mil telefones de campanha e 15 mil km de cabos telefônicos. A interdependência das ações da guerra se fazia presente: com a obtenção de tais materiais, os soviéticos puderam direcionar sua produção para materiais bélicos de uso direto contra os alemães.

A guerra material começava a ser ganha. Contudo, era preciso passar pelo primeiro teste de grandes dimensões: o desembarque dos Aliados na Normandia.

LEITURAS COMPLEMENTARES

Kennedy, Paul. *Engenheiros da vitória. Os responsáveis pela reviravolta na Segunda Guerra Mundial.* São Paulo: Companhia das Letras, 2013.

McConahay, Mary Jo. *América Latina sob fogo cruzado*: a luta pelo controle das riquezas e recursos dos países latino-americanos durante a Segunda Guerra Mundial. São Paulo: Cultrix, 2021.

Oliveira, Dennison. *Aliança Brasil-EUA*: nova história do Brasil na Segunda Guerra Mundial. Curitiba: Juruá, 2015.

OS ALIADOS VOLTAM À FRANÇA

Em 4 de junho de 1944, enquanto Roma estava passando das mãos dos alemães para as dos Aliados, em um quartel-general do Exército alemão na França, o coronel Meyer, oficial encarregado do serviço de inteligência alemão, tomou conhecimento de uma mensagem irradiada, em francês, pela BBC de Londres, com versos da "Canção de outono", de Paul Verlaine. Esses versos seriam a senha para que os membros da Resistência Francesa se preparassem para executar suas tarefas em apoio à invasão aliada, como sabotar pontes, ferrovias, linhas telefônicas usadas pelos ocupantes alemães, abrigar e orientar os soldados aliados durante a invasão etc. Meyer alertou o alto-comando alemão, que, no entanto, pouco fez para desencadear uma reação adequada dos alemães. Os únicos realmente mobilizados na França foram os membros da Resistência, empolgados pelo anúncio da invasão, na operação que ficaria conhecida como Overlord. Havia razões de sobra para tanta empolgação: tratava-se do momento pelo qual as forças anti-Eixo na França tanto esperavam.

Mas a Overlord não foi a primeira tentativa dos Aliados. Na verdade, uma mal planejada invasão ocorrera, em 19 de agosto de 1942, nas costas da cidade portuária de Dieppe, na França, com resultados desastrosos. Lições preciosas foram aprendidas com o fiasco e fariam parte do planejamento da próxima invasão.

Desde 1942, a questão da abertura de uma segunda frente estava entre as discussões dos chefes de Estado aliados. Enquanto esta não era aberta, a União Soviética suportava sozinha a guerra contra a Alemanha no continente europeu. Stalin insistia com veemência para que fosse aberta outra frente, de modo a dividir os esforços germânicos. No entanto, como foi comentado na parte sobre a Campanha da Itália, havia dificuldades logísticas imensas para uma invasão no norte da França entre 1942 e 1943. A "solução italiana" foi a escolhida enquanto se preparava a invasão principal, que seria desencadeada em junho de 1944.

Em março de 1943, surgiram os primeiros esboços do planejamento da invasão aliada à França. Em dezembro, Roosevelt e Churchill definiram que o general americano Dwight Eisenhower seria o comandante-geral da operação. Militar metódico e politicamente habilidoso, Eisenhower foi considerado o melhor nome para coordenar um Olimpo de egos inflados de oficiais-generais americanos e do Reino Unido. Suas primeiras ações visaram ao aumento das dimensões da operação, prevendo o desembarque de cinco divisões, ao invés de três, maior extensão da frente, para evitar congestionamentos, e uso de divisões aerotransportadas na península de Cotentin, com o objetivo de tomar Cherbourg e seu porto.

Do outro lado do canal, também havia preparativos, mas para rechaçar a invasão. Em uma extensão de 5 mil km, os alemães organizaram uma linha de defesa, das costas norueguesas do Ártico à fronteira entre a França e a Espanha, a chamada "Muralha do Atlântico". Com variações de lugar para lugar, tratava-se de complexos defensivos com *bunkers*, peças de artilharia, ninhos de metralhadoras, casamatas e praias coalhadas de armadilhas, minas e obstáculos que dificultariam um desembarque. Para coordenar essas defesas, Hitler indicou o general Erwin Rommel, que, percebendo sérias deficiências em vários pontos críticos da Muralha do Atlântico, tratou de minimizá-las com os recursos possíveis.

Os maiores problemas alemães eram prever onde seria o desembarque e saber qual o melhor método para vencê-lo. Havia uma diferença de opiniões entre Rommel e o general Rundstedt, o comandante em chefe do oeste, a quem Rommel era subordinado. Rundstedt acreditava que a invasão seria feita pelo caminho mais curto do canal da Mancha, na região de Calais, e ordenou o fortalecimento das suas defesas. Nesse sentido, muito contribuíram as medidas diversionistas dos Aliados, que concentraram na região de Dover, na costa britânica em frente a Calais, um "exército de mentira", com centenas de falsos tanques, peças de artilharia e aviões, todos infláveis. Eles também forjaram a rotina de um exército, com um comandante real, o general Patton, e cerimônias noticiadas com presença de lideranças aliadas. Além disso, emitiram mensagens, captadas pela inteligência alemã, que davam conta de manobras e preparativos para uma invasão por Calais. Para complementar o ardil em que consistiu a operação nomeada Fortaleza do Sul, foram enviadas expedições aéreas aliadas que percorreram todas as áreas da Muralha do Atlântico, mas com concentração maior na região de Calais.

Por sua vez, Rommel entendia que o ataque tinha mais chance de acontecer na Normandia. Na região sob sua autoridade, mandou reforçar a segurança nas praias e em *bunkers* e casamatas. Foram instalados pontões de ferro nas praias, estacas que ficavam submersas sob as marés e centenas de milhares de minas terrestres. Mais atrás das primeiras barreiras à invasão, ficavam tropas de infantaria e blindadas. A ideia de Rommel era não deixar os invasores avançarem pelo território francês. O general alemão também se preocupava com o poder aéreo dos Aliados contra as divisões Panzer, que testemunhara no norte da África. Para ele, se os Aliados conseguissem estabelecer uma cabeça de ponte na costa francesa, seria quase impossível mandá-los de volta.

Os Aliados também tinham problemas para resolver. Um dos mais cruciais era criar instrumentos adequados a um desembarque. Foram fabricadas barcaças de desembarque; tanques adaptados para detonar minar terrestres na praia; tanques lança-chamas; e o mais espantoso, tanques "anfíbios", com flutuadores infláveis e motores e pás submersas. Além desses novos instrumentos, foram criados dispositivos para o fornecimento de combustível e portos capazes de receber tropas e cargas, sem os quais a operação, mesmo conquistando a praia, fracassaria. Ao concluírem que o fornecimento de combustível deveria evitar ao máximo seu transporte em navios petroleiros, vulneráveis a ataques aéreos, os Aliados desenvolveram um sistema de oleodutos submarinos em canos flexíveis, chamado "Pluto" (Pipeline Under the Ocean), que atravessavam o canal da Mancha e eram bombeados da Inglaterra para a França.

Já a dependência de portos, para desembarcar todos os tipos de materiais, foi resolvida com a criação de dois portos artificiais – "Mulberry" –, levados em blocos por navios e montados diretamente nas praias.

O controle aéreo e naval das rotas de embarque e desembarque entre a Inglaterra e a França também era imprescindível. Nesse sentido, as forças aéreas da Grã-Bretanha e dos Estados Unidos já tinham praticamente expulsado a Luftwaffe dos céus da região. Nos mares, a Marinha alemã não oferecia perigo, concentrada que estava na guerra submarina, na Batalha do Atlântico.

O Dia D

Para efetuar as ações de invasão eram necessárias informações sobre as praias, seus sistemas defensivos, casamatas, ninhos de metralhadora, artilharia, tanques, estradas, pontes, localização das tropas alemãs, aeródromos, linhas telefônicas, depósitos de combustível etc. Parte dessas informações foi obtida pela observação aérea e parte fornecida pela Resistência Francesa. Com elas, foi possível ao comando-geral da operação Overlord fazer um planejamento minucioso e um cronograma para cada unidade e cada subunidade.

O desembarque seria efetuado em cinco "praias" – na verdade, faixas de praias em linha reta, com alguns quilômetros de extensão. Do oeste para o leste, as praias então denominadas Utah e Omaha seriam tomadas pelos americanos. Depois de abrirem a cabeça de ponte das praias, eles deveriam ocupar a região e tomar o porto de Cherbourg, apoiados por tropas para-quedistas. Mais a leste de Omaha, estavam as praias Gold, a serem tomadas por forças britânicas, Juno, por forças canadenses, e finalmente, Sword, designada para tropas britânicas. Os soldados dessas três praias a leste deveriam, uma vez estabelecidos, se dirigir à cidade de Caen, para ocupá-la.

Contudo, nem o planejamento mais bem-feito poderia controlar duas variáveis importantíssimas: a tábua das marés e a meteorologia. Os desembarques deveriam ser realizados somente na maré mais baixa, que deixava bem visíveis os dispositivos plantados pelos alemães nas praias para atrasar ou barrar a entrada das barcaças de desembarque de tropas e veículos. Segundo a tábua das marés, os melhores dias para o desembarque seriam de 5 a 7 de junho, com preferência para o dia 5. Mas se o tempo estivesse instável, a operação seria inviabilizada, pois ficaria sem apoio aéreo. Além disso, seria arriscado demais atravessar o canal da Mancha em milhares de embarcações no meio de uma tempestade.

O dia 5 de junho foi o escolhido. Contudo, o aparato para o embarque das primeiras levas de soldados já estava se preparando para iniciar o trajeto até o outro lado do canal, quando recebeu dos boletins meteorológicos o alerta de mau tempo, que poderia continuar até o dia 6. Frustração, irritação e retorno de todos aos abrigos. O comandante-geral da Overlord, general Dwight Eisenhower, ficou muito preocupado. Caso o mau tempo continuasse nos dias de maré baixa, os Aliados perderiam a oportunidade e teriam que aguardar o mês seguinte. Como segurar um milhão de soldados no sul da Inglaterra por mais quatro ou cinco semanas, sem que o elemento surpresa vazasse? Todos os esforços para despistar os alemães seriam perdidos. Ademais, um mês poderia fazer uma enorme diferença no reforço e fortificação de pontos identificados como fracos na defesa alemã das praias, o que poderia tornar o desembarque aliado um massacre sem precedentes. Todas essas conjecturas passavam pela cabeça de Eisenhower, quando se reuniu, no dia 5, com o chefe do serviço de meteorologia dos Aliados e com outros oficiais generais. Como o relatório meteorológico identificou uma melhora no tempo para o dia 6, a decisão foi tomada: embarcações de transporte e navios de guerra partiriam no final do dia 5, para chegarem pela manhã do dia seguinte às praias programadas. Unidades de paraquedistas e planadores decolariam à noite e saltariam em território francês na madrugada do dia 6, cortando canais de comunicação e inviabilizando o envio de reforços alemães à Muralha do Atlântico. Na manhã do dia 6, as tropas desembarcariam e consolidariam cabeças de ponte nas praias, para propiciar o desembarque de centenas de milhares de homens e centenas de milhares de toneladas de armas e suprimentos ao longo dos dias seguintes.

Com base nesses planos, o imenso mecanismo de invasão ao continente a partir da França foi acionado. Nas primeiras horas do dia 6, quando os aviões e planadores aliados chegaram ao território francês, enfrentaram muitas dificuldades, como saltos em locais distantes dos objetivos, perdas de muitos aviões, planadores e pessoal embarcado. Mesmo com todos esses percalços, boa parte dos objetivos foi alcançada: estações de radar alemãs, pontes, ferrovias e outras estruturas foram atacadas na região com auxílio de membros da Resistência Francesa, que já esperavam pelos combatentes aliados.

Enquanto essas ações se desenvolviam na Normandia, na região de Calais aviões aliados soltavam soldados em paraquedas, o que atraiu o fogo antiaéreo. Mal aterrissavam, os bravos paraquedistas saíam atirando. Os alertas de defesa em Calais foram acionados, e tropas e veículos foram deslocados para lá. O que os soldados alemães da defesa em Calais não imaginavam era que os tais paraquedistas, na verdade, eram bonecos de borracha, e os tiros que ouviam eram de fato espoletas acionadas na queda desses bonecos, os "Ruperts". A finalidade dos Aliados era mais uma vez confundir os sistemas de defesa alemães, deixá-los indecisos sobre onde seria o ataque principal. Em alguns lugares da Normandia também foram lançados Ruperts, aumentando a confusão e semeando a dúvida sobre onde estava ocorrendo efetivamente o desembarque. Os atrasos na tomada de decisões devido a tais confusões acabaram sendo muito úteis aos Aliados.

No final da madrugada, os 6.500 navios que se dirigiam para as praias determinadas iniciaram os trabalhos de invasão. Os navios de guerra que estavam no canal da Mancha calibraram sua artilharia e abriram fogo contra as defesas localizadas nas praias. Além de destruir o máximo possível de fortificações e casamatas alemãs na costa, as cargas de artilharia deveriam servir para abrir caminho para as tropas, explodindo com antecedência os campos minados e cercados de arame farpado.

Enquanto o fogo da artilharia dos navios de guerra era acionado, os navios de transporte de tropas começavam a descer as barcaças de desembarque, e a enchê-las com soldados e materiais. Uma vez repletas de soldados (em média 36) carregando, além de seu armamento individual, pesadas mochilas com outros itens úteis ao desembarque e à consolidação de posição, as barcaças se dirigiam às praias. Em alguns minutos, as portas frontais se abriam para que os homens descessem o mais rápido possível e se posicionassem em algum lugar da praia, esperando as ordens para avançar. Isso só foi possível, claro, em praias tranquilas, nas quais as salvas de artilharia e os bombardeios prévios da aviação aliada haviam neutralizado as defesas da costa, como foi o caso da praia Utah, com poucas tropas alemãs e, consequentemente, poucas baixas aliadas.

No caso da praia Omaha, porém, as portas das barcaças que se abriram desnudaram o inferno para os soldados. Naquela praia, as cargas prévias de artilharia dos navios haviam caído muito longe das fortificações, casamatas e ninhos de metralhadora. Com isso, não eliminaram nem enfraqueceram as defesas costeiras. Pior: os soldados que ali desembarcavam se deparavam com tropas experientes, bem posicionadas e em boa quantidade. Só em Omaha, nos primeiros dias, foram registradas 3 mil baixas. A barreira de fogo de metralhadoras, morteiros e artilharia foi impiedosa. Acossadas pelo fogo alemão, as barcaças que levavam os tanques "anfíbios" os lançavam precipitadamente, e a maioria deles afundava, levando consigo suas tripulações.

Para britânicos e canadenses, os desembarques foram menos dramáticos. Com exceção da praia Juno, onde os canadenses encontraram maior resistência dos defensores alemães, os desembarques em Sword e Gold foram bem-sucedidos, com poucas baixas.

Ao fim da tarde de 6 de junho de 1944, o "Dia D", os Aliados tinham conseguido estabelecer sua cabeça de ponte no continente. Nesse dia, desembarcaram 150 mil soldados, com 10 mil baixas, entre mortos, feridos e desaparecidos.

A VIRADA 133

Mapa 8 – Invasões no Dia D

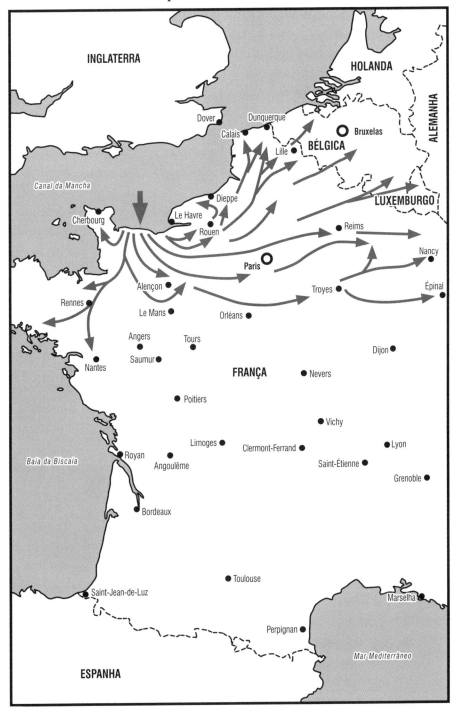

Hitler foi informado da invasão da Normandia, mas ainda passou um tempo acreditando que o ataque principal teria lugar em Calais. À tarde, quando a cabeça de ponte nas praias estava sendo fixada, não havia mais dúvidas de que o palpite de Rommel estava certo. Mas era tarde demais, inclusive para o general, que acreditara nos boletins meteorológicos que previram mau tempo por toda aquela semana e, justamente naquele dia, estava na Alemanha, comemorando o aniversário da esposa.

A ousadia de desencadear a operação em 6 de junho de 1944 foi premiada. No período seguinte de marés baixas nas praias da Normandia, em julho, seria registrada a pior tempestade da década, com ventos violentos e ondas de muitos metros em alto-mar.

Quando se convenceram de que o ataque era mesmo na Normandia, os alemães tentaram reorganizar suas forças para jogar os Aliados de volta ao mar. Os combates no interior do continente mostraram aos invasores o quanto seria difícil ganhar terreno dos alemães. Os Aliados não tinham tanta experiência em combate nem conheciam o terreno tão bem quanto seus inimigos. Desse modo, seus avanços foram lentos e custaram mais baixas do que o planejado. Mesmo assim, em 26 de junho, os Aliados conseguiram tomar Cherbourg e seu porto, que se tornou durante algumas semanas o mais movimentado do mundo.

Na luta pela cidade francesa de Caen, os Aliados tiveram de enfrentar os alemães rua a rua, casa a casa. Com a resistência germânica impedindo a tomada da cidade, os Aliados resolveram bombardear Caen. A população civil acabou sendo atingida. Para os recém-chegados, esse evento significou a perda do que restava da inocência. Todos souberam que a luta seria longa, desgastante e sangrenta.

Em 15 de agosto de 1944, foi efetuado um segundo desembarque aliado, a operação Dragão, feita no sul da França, na região da Provença. Antes, essa operação havia sido cancelada devido à falta de materiais necessários para o desembarque em duas praias ao mesmo tempo. No entanto, o engarrafamento dos portos na Normandia e o enfraquecimento das defesas alemãs ao sul fizeram o comando aliado reconsiderar e promover um desembarque pelo sul. Aproximadamente 500 mil soldados penetraram por aquele setor. Esses exércitos que chegaram pelo sul alcançariam as forças do general Patton em 11 de setembro de 1944.

Aos poucos, os Aliados avançaram em direção ao leste, no norte da França. Embora libertar Paris não fosse prioridade, as forças aliadas acabaram apoiando os movimentos de resistência na cidade e a libertaram em 25 de agosto de 1944. Nas outras localidades, o ânimo alemão só diminuiu quando começaram a faltar combustível, munições, comida e peças de reposição, devido ao bombardeio aéreo e às destruições das linhas de comunicação. Os alemães, então, recuaram para linhas próximas à sua fronteira.

Houve também contra-ataques alemães seguidos de novas ofensivas aliadas, buscando invadir a Alemanha. O calcanhar de Aquiles para os dois lados eram as linhas de suprimentos. Os portos Mulberry não davam conta da quantidade descomunal de material aliado desembarcado todos os dias, e os portos existentes na França tinham sido destruídos ou inviabilizados pelos alemães em retirada, que também se ressentiam da escassez de suprimentos. Os Aliados não tinham os portos dos Países Baixos em suas mãos, e os alemães, que os ocupavam, tinham dificuldades em fazer chegar a eles seus suprimentos.

Nos dois grandes combates seguintes entre Aliados e alemães, no oeste da Alemanha, a operação Market Garden e a contraofensiva alemã das Ardenas, a questão dos suprimentos seria decisiva. Na operação aliada, a falha em prover as suas forças com armas, munições, veículos e demais materiais atrasou suas ações, o que permitiu aos alemães estruturarem melhor suas defesas, fator fundamental para rechaçarem, em setembro, a operação de ataque por forças paraquedistas aliadas. O porto de Antuérpia somente seria tomado pelas forças britânicas e canadenses no final de novembro, após duros combates. Por seu lado, a contraofensiva alemã visava, primeiramente, dividir as forças aliadas, penetrar novamente nas Ardenas e retomar o porto de Antuérpia. Como se verá no próximo capítulo, a escassez de suprimentos, principalmente combustível, deteve a contraofensiva alemã. A superioridade material, de um lado, e a sua privação, do outro, começavam a definir os últimos atos do drama. Os sentidos da guerra na Europa Ocidental então mudaram: alemães em retirada, Aliados avançando em direção a Berlim, pelo leste e, agora, pelo oeste. Era a aplicação, adequada e implacável, de uma força esmagadora.

LEITURAS COMPLEMENTARES

AMBROSE, Stephen. *O dia D – 6 de junho de 1944*: a batalha culminante da Segunda Grande Guerra. Rio de Janeiro: Civilização Brasileira, 1997.

BEEVOR, Antony. *Dia D*: a batalha pela Normandia. Rio de Janeiro: Record, 2010.

RYAN, Cornelius. *O mais longo dos dias*. Porto Alegre: L&PM, 2004.

SUGESTÕES DE FILMES DE FICÇÃO E DOCUMENTÁRIOS

A Segunda Guerra em cores. Ep. Overlord. A Batalha da Normandia. Direção de Nicky Bolster. EUA/Reino Unido. Série de documentário, 2019.

O mais longo dos dias. Direção de Ken Annakin. EUA, 1962.

O resgate do soldado Ryan. Direção de Steven Spielberg. EUA, 1998.

The band of brothers. Direção de Tom Hanks. Série em dez episódios. EUA, 2001.

A REAÇÃO NO PACÍFICO

Em meados de 1942, o Japão dominava uma área que nenhuma outra nação da Ásia jamais tivera em mãos. Os japoneses haviam conquistado o sudoeste e o sul da Ásia em menos de seis meses e se achavam soberanos em sua "Zona de Coprosperidade asiática".

Nas semanas que se seguiram às vitórias japonesas, o Império do Sol Nascente dava a impressão de ser invencível, acreditando que sua distância oceânica do Ocidente era garantia de invulnerabilidade. Mas havia sinais de que o domínio nipônico não era tão forte assim. Um ataque ousado das forças armadas americanas mostrou que os mesmos avanços estratégicos que haviam permitido o ataque japonês a Pearl Harbor, a 5 mil km de Tóquio, também permitiriam aos americanos atacar o Japão, usando porta-aviões com base de lançamento. Seria o troco na mesma moeda.

A ideia era tão ousada quanto a dos japoneses no ataque a Pearl Harbor. Bombardeios pesados, como o B-25, não haviam sido feitos para decolar em porta-aviões. Mas, após intenso treinamento de decolagens e adaptações nos B-25, a equipe liderada pelo tenente-coronel James H. Doolittle sentiu-se pronta para a missão. Foi programado que decolariam do USS Hornet a uma distância entre 720 e 1.040 km do alvo, despejariam suas bombas em Tóquio e outras cidades do Japão, e pousariam na China. O ataque foi planejado para ser muito mais simbólico que destrutivo. Os estragos que uma esquadrilha de 16 B-25 poderiam proporcionar não fariam muita diferença, mas mostrariam aos japoneses, menos de quatro meses depois do ataque a Pearl Harbor, que os americanos estavam vivos no jogo.

Um imprevisto, contudo, colocou a missão em risco. Em 18 de abril de 1942, quando os americanos estavam a 1.300 km da costa japonesa, um barco japonês de patrulha foi avistado pela frota que escoltava o USS Hornet. Embora fosse prontamente afundado, não se sabia se havia alertado as bases no Japão a respeito da presença da frota, que incluía outro porta-aviões, além do Hornet. A solução foi decolar daquela distância mesmo, com suplemento extra de combustível e uma perspectiva remota de aterrissar em terreno amistoso. Os B-25 partiram, despejaram suas bombas em reservatórios de petróleo, fábricas e instalações militares em Tóquio e Nagoya, e se dirigiram, com pouco combustível, para a China sob domínio japonês. Nem todos conseguiram sobreviver à missão: sete tripulantes morreram (três nas aterrissagens forçadas e quatro capturados pelos japoneses). Os demais conseguiram voltar aos Estados Unidos.

O impacto do ataque calou fundo nos japoneses, que antes consideravam sua "terra sagrada" e seu imperador muito seguros. Os bombardeios de Doolittle sobre Tóquio e outras cidades do Japão mostraram aos líderes militares japoneses e à população que poderiam ser vulneráveis. Diante disso, avaliaram que deveriam ampliar o perímetro de sua defesa, bem como aumentar a pressão sobre os Estados Unidos e aliados, como a Austrália. Assim, decidiram atacar Papua-Nova Guiné, as ilhas Salomão, ao norte da Austrália, e a base de Midway, no Pacífico.

O que os japoneses não imaginavam era que os americanos conseguiam interceptar e decifrar suas comunicações militares. Dessa forma, sabiam seus planos para as ilhas Salomão e a Nova Guiné. O problema era que demoraria para a frota americana estar em condições de igualdade com a japonesa em termos numéricos. Assim, os americanos procuraram planejar suas ações, de modo a tirar o máximo proveito possível das vantagens de se conhecer os passos do inimigo.

Mar de Coral, Midway e Guadalcanal

Em maio de 1942, os japoneses de fato atacaram e tomaram as ilhas Salomão. Dois dias depois, lançaram uma frota com porta-aviões ao sul das ilhas, no mar de Coral, com o objetivo de apoiar um ataque a Port Moresby, na costa sul da Nova Guiné.

Para "recebê-los", os americanos enviaram dois porta-aviões e uma frota equipada. Foi a primeira batalha naval da história em que nenhum dos navios dos dois lados viu os navios do outro, já que os ataques foram executados por aviação embarcada em porta-aviões. O resultado da Batalha do Mar de Coral foi um equilibrado empate. Cada lado teve um porta-aviões afundado e outro seriamente danificado. Mas como, ao final, conseguiu evitar os avanços dos japoneses na Nova Guiné, a vantagem estratégica foi americana.

Os acontecimentos no mar de Coral chamaram a atenção dos militares japoneses para a necessidade de uma vitória decisiva no Pacífico, antes que o poderio econômico americano começasse a fazer a balança pender para o seu lado. O alvo escolhido foi a base aérea de Midway, considerada um ótimo ponto para outro futuro ataque a Pearl Harbor.

Mais uma vez, os decodificadores dos Estados Unidos descobriram os planos do Japão. Se os japoneses tomassem a base americana de Midway, os americanos seriam obrigados a direcionar para lá o grosso de sua frota, incluindo os porta-aviões, de modo a recuperá-la e evitar possíveis novos ataques a Pearl Harbor. Nesses planos japoneses, a sua frota estaria à espera, com quatro porta-aviões, e destruiria a americana.

Como já estava ciente do plano japonês, a Marinha dos Estados Unidos posicionou sua força de porta-aviões em uma localização que pudesse surpreender os japoneses. Mesmo assim, dados os números de cada frota, a Marinha americana sabia que seria um combate assimétrico. Os Estados Unidos tinham apenas dois porta-aviões operacionais e um terceiro, o Yorktown, recuperado em tempo recorde das avarias sofridas no mar de Coral, seria encaminhado para Midway. A frota japonesa, com quatro porta-aviões, dois encouraçados e sete cruzadores, além de destróieres, era maior que o que a Marinha americana poderia apresentar em desafio.

Em 4 de junho de 1942, a frota japonesa, já postada próxima a Midway, iniciou o ataque por meio da sua aviação embarcada. A resistência antiaérea e dos caças americanos posicionados em Midway foi maior que os japoneses esperavam. Muitos aviões americanos foram perdidos, mas as ilhas acabaram não sendo tomadas.

O almirante Chuichi Nagumo, comandante das forças japonesas nas ações em Midway, tinha, nos porta-aviões, aeronaves que poderiam fazer um segundo ataque contra a base ainda em posse dos americanos. Mas elas estavam preparadas e armadas para atacar a frota americana quando esta viesse em socorro a Midway. Ou seja, as aeronaves dos porta-aviões de Nagumo que não atacaram Midway estavam armadas com torpedos e bombas para afundar navios, e não para destruir as defesas da base. Nagumo, então, ordenou que as aeronaves trocassem sua munição para bombas de fragmentação, de modo a poder atacar o aeródromo de Midway. Quando os aviões japoneses estavam sendo carregados com as bombas para

Midway, Nagumo recebeu a informação de que uma frota americana tinha sido avistada nas proximidades. Sem saber se a frota americana continha porta-aviões, Nagumo decidiu manter o carregamento para Midway, atacar novamente a base e, depois, recarregar os aviões com munição que lhes permitisse atacar a frota americana.

Aviões americanos que haviam partido de Midway atacaram, então, os porta-aviões japoneses. Acabaram sendo facilmente abatidos pelos caças Mitsubishi Zero embarcados nos porta-aviões japoneses.

Nesse meio-tempo, um avião de observação japonês descobriu a frota americana e reportou que ela tinha, sim, porta-aviões. Nagumo, então, voltou atrás, e decidiu recarregar a aviação embarcada com torpedos. Nesse momento crítico, em que as aeronaves estavam sendo abastecidas e carregadas com bombas e torpedos, os porta-aviões se tornavam alvos aparentemente fáceis. Foram então atacados por um esquadrão de bombardeios americanos, que, contudo, acabou destruído pelos Zeros e pela artilharia antiaérea japonesa. Alívio para Nagumo.

Até aqui, tudo parecia dar certo para os japoneses. Mas, quando estavam finalizando o carregamento de seus aviões, esquadrões de bombardeios de mergulho americanos iniciaram um ataque devastador aos porta-aviões japoneses. Os caças Zero que, ao atacar os bombardeios americanos, tinham esgotado sua munição e combustível, contra esse novo ataque pouco puderam fazer. Assim, no momento mais crítico da operação de reabastecimento de combustível e rearmamento, com as bombas e torpedos ao lado das aeronaves, os porta-aviões tornaram-se um alvo perigosamente inflamável e explosível. Três dos quatro porta-aviões acabaram totalmente destruídos.

O quarto porta-aviões japonês, o Hiryu, não estava por perto naquele momento, por isso, não foi atingido. Contra-atacou com aviões que atingiram o porta-aviões americano Yorktown, que seria afundado no dia seguinte. Mas, com isso, o Hiryu também foi localizado e acabou eliminado. Em questão de horas, o Japão perdeu 4 porta-aviões e 332 aeronaves, e 2 mil combatentes foram mortos. Foi uma derrota terrível. Aquela vantagem obtida nos ataques de dezembro de 1941 tinha sido perdida. Ao Japão, sem tempo e recursos para reverter a situação, restou reforçar suas posições em terra.

Em meados de 1942, tropas japonesas experientes em combate na selva desembarcaram na costa norte de Papua-Nova Guiné e se dirigiram a Port Moresby. A princípio, avançaram rapidamente, mas logo se depararam com a resistência de tropas australianas, inicialmente, e depois americanas que as obrigaram a recuar.

Sem o poder naval, e com derrotas em terra, os japoneses optaram então por reforçar o poder aéreo, para continuar a pressionar os Aliados e assegurar suas próprias posições. Empenharam-se em construir aeródromos em suas posses no Pacífico, como a de Guadalcanal, nas ilhas Salomão, cuja localização era excelente para atacar os comboios americanos que se dirigiam para a Austrália.

Em julho de 1942, os americanos fizeram um desembarque anfíbio em Guadalcanal com o objetivo de desalojar os japoneses, terminar a construção dos campos de pouso e usá-los para seus próprios fins. Mas os japoneses contra-atacaram violentamente em combate naval noturno, com uma frota que acabou desalojando a frota americana.

Os americanos, já na ilha, mesmo isolados e sem o fluxo de suprimentos, continuaram a construção da pista de pouso. Foram atacados por tropas recém-desembarcadas de japoneses, mas receberam reforços. Depois de meses de lutas sangrentas, em fevereiro de 1943, os americanos garantiram a tomada definitiva de Guadalcanal. O domínio deste ponto permitiu a consolidação da posição dos Aliados na Austrália e na Nova Zelândia.

De ilha em ilha

A estratégia americana no Pacífico optou por não procurar reconquistar imediatamente os territórios atacados e dominados pelos japoneses. A prioridade era atacar e defender, com força naval e ocupação de fuzileiros, posições estratégicas nas rotas de suprimentos japoneses e ilhas cada vez mais próximas do Japão. Isso ajudaria os Estados Unidos a consolidar ataques futuros. A progressão se dava, portanto, de salto em salto, de ilha em ilha, de base em base. No meio-tempo entre uma ocupação e outra, houve enfrentamentos com a Marinha japonesa, de maneira a destruir sua capacidade combativa.

A capacidade produtiva americana já fazia a diferença em termos materiais, permitindo que sua Marinha empregasse frotas em dois pontos-chave no Pacífico: as ilhas a nordeste de Nova Guiné (ilhas Marshall, Gilbert), cada vez mais próximas do arquipélago japonês e futuras bases para ataques aéreos às cidades japonesas, por um lado, e as rotas pelas quais passavam os comboios japoneses de suprimentos, no mar das Filipinas e no mar da China Meridional, por outro.

A VIRADA   *141*

Soldados americanos em combate em praia no Pacífico: Tarawa, ilhas Gilbert, 1943.
(National Archives and Records Administration)

Outra base da estratégia americana no Pacífico era atacar a Marinha mercante nipônica com navios de guerra e submarinos, cortando as linhas marítimas de suprimento de matérias-primas e petróleo para a indústria japonesa e suas forças armadas. Em toda a Campanha do Pacífico, dos afundamentos de navios mercantes japoneses pela Marinha americana, 55% foram feitos pelos submarinos e 45% pelos navios de guerra. De todos os embarques de mercadorias destinadas ao Japão, 77% acabaram no fundo do mar. O que os alemães não haviam conseguido na Batalha do Atlântico – estrangular a Grã-Bretanha –, os americanos conseguiram com grande sucesso no Pacífico. Por fim, a capacidade da Marinha de guerra japonesa também seria golpeada pelos ataques submarinos: 214 navios de guerra afundados, inclusive 4 porta-aviões, 1 encouraçado, 13 cruzadores, 38 destróieres.

142 SEGUNDA GUERRA MUNDIAL

Curiosamente, a frota submarina japonesa também se pôs ao mar, mas a cultura de guerra naval nipônica priorizava o uso dos submarinos para apoio aos ataques de frotas de superfície, e não aos ataques de navios-transporte e cargueiros americanos com suprimentos para suas forças armadas.

Ao Japão era imprescindível manter o fluxo das rotas de suprimentos, particularmente na região das Filipinas, por onde passavam os cargueiros e petroleiros do sudeste asiático. Depois de passar todo o ano de 1943 sofrendo derrotas pontuais, perdendo ilhas e bases para a Marinha e os fuzileiros americanos, a Marinha japonesa apostou suas últimas cartas na proteção da Rota das Filipinas. Foi nesses mares que a frota japonesa engajou combate, em junho de 1944, em torno das ilhas Marianas, no mar das Filipinas. Nessa batalha, os japoneses perderam 3 porta-aviões e mais de 500 aviões, o que praticamente eliminou do Pacífico sua aviação embarcada.

Para os americanos, a vitória abriu caminho para desembarques anfíbios e a ocupação das ilhas Saipan, Guam e Tinian. A partir dessas ilhas, bombardeios americanos poderiam atacar o coração do Japão.

O fluxo de navios mercantes para o Japão já estava praticamente estrangulado, mas os americanos também queriam retomar o controle sobre as Filipinas. Os japoneses, imaginando uma movimentação americana nesse sentido, planejaram uma ação naval arriscando praticamente toda sua frota, no golfo de Leyte. Nesse momento, a desproporção entre o poderio naval americano e japonês já era notável: os Estados Unidos engajaram no combate nada menos que 32 porta-aviões (8 grandes, 8 leves, 16 de escolta), 12 encouraçados e 24 cruzadores, para se citar apenas as embarcações maiores, além de 1.500 aviões. Ao Japão, restaram para combater 4 porta-aviões (1 grande e 3 leves), 9 encouraçados, 20 cruzadores e 600 aviões.

Os resultados dos combates foram devastadores para os japoneses, que perderam seus 4 porta-aviões, 3 encouraçados, 10 cruzadores e 500 aviões. Mesmo perdendo 3 porta-aviões leves e 200 aviões, a Marinha americana saiu vencedora, obrigou o recuo do que restou da Marinha japonesa e apoiou o desembarque das forças armadas aliadas em Luzon, nas Filipinas, em 9 de janeiro de 1945. A sorte do Império Japonês estava selada.

Mas os japoneses não se renderiam facilmente. Não bastava aos Aliados praticamente acabar com a "Zona de Coprosperidade asiática", o

Império nipônico. Era preciso obter a rendição dos japoneses, ameaçando-os em seu próprio território. Os primeiros passos para isso foram dados em duas ilhas, Iwo Jima e Okinawa.

A ilha de solo vulcânico e com o nome de "Ilha de Enxofre" em japonês, Iwo Jima, tinha um bom aeródromo e se situava a 1.200 km de Tóquio. Os objetivos americanos eram tomar a ilha e conseguir uma melhor posição para atacar o arquipélago japonês. Em 19 de fevereiro de 1945, foi realizado um dos maiores bombardeios navais prévios (efetuados antes de uma invasão anfíbia) da guerra do Pacífico. Esperava-se que as defesas japonesas estivessem destroçadas e, como não houve inicialmente reação, os soldados avançaram e começaram a descarregar mais e mais equipamentos na ilha. No entanto, os defensores estavam entrincheirados em cavernas profundas, e mais ou menos uma hora depois de iniciados os desembarques, quando as praias já estavam lotadas de gente, os japoneses abriram fogo com fuzis, metralhadoras, morteiros e, do alto do Monte Suribachi (a única elevação da ilha), uma forte artilharia.

Os combates foram intensos. Cada metro foi disputado com os japoneses, que se movimentavam por baixo da terra em túneis escavados, o que os tornava extremamente perigosos. Para se ter uma ideia do quão difícil foi o combate em Iwo Jima, a conquista do Monte Suribachi, que gerou a famosa fotografia da bandeira americana desfraldada no seu topo, demorou quatro dias para acontecer. Apenas mais de um mês depois, em 27 de março, a ilha foi finalmente tomada, com um custo de 6.800 soldados mortos e mais de 18 mil feridos. Do lado japonês, sobreviveram somente 216 soldados. Os outros haviam lutado até a morte.

Depois de Iwo Jima, o passo seguinte seria tomar a ilha de Okinawa, de 150 mil habitantes, já em território japonês, embora a 700 km da ilha de Kyushu, no coração do Japão. Para atacar a ilha, foi organizado o maior aparato da guerra no Pacífico: 1.200 embarcações, 170 mil soldados e fuzileiros navais, imensa frota de cobertura. Um bombardeio aéreo e naval precedeu os desembarques aliados em 23 de março de 1945. A invasão, propriamente dita, começou somente no dia 1º de abril. Dessa vez o desembarque ocorreu sem resistências. A despeito de se depararem com algumas escaramuças, que atrasavam seu avanço na ilha, os fuzileiros americanos foram atacados apenas a partir de 3 de maio pelos japoneses, numa luta terrível. Enquanto o combate franco acontecia na ilha, no mar, a frota de apoio amargava os ataques suicidas dos pilotos camicases, que conseguiram afundar 21 navios aliados e danificar outros 43.

Foi o melhor momento para os camicases. Eles já tinham sido usados nos combates no mar das Filipinas, desde outubro de 1944. Embarcavam com combustível pela metade, o que trazia mais agilidade, e com mais bombas. Os camicases tiveram um aproveitamento de 20% dos ataques ao alvo, tendo destruído, até o final da guerra, 27 navios e danificado outros 164.

Os combates em Okinawa perduraram até 22 de junho de 1945, terminando com vitória americana. Mais uma vez, os japoneses lutaram até quase literalmente o último homem. Todavia, o que mais impressionou os americanos foram as levas de famílias civis suicidas, algumas delas carregando seus bebês, que pulavam dos penhascos para a morte certa, recusando-se à rendição. A conclusão óbvia era a de que a capitulação do Japão seria sangrenta e demorada.

As bases aéreas americanas nas proximidades do Japão permitiram que bombardeios aéreos pudessem ser feitos às principais cidades nipônicas. Sob a liderança do major-general Curtis LeMay, o 21º Comando de Bombardeios levou 325 B-29 para bombardear Tóquio, na noite de 9 de março de 1945. Até o final do conflito, 66 cidades japonesas seriam impiedosamente bombardeadas com bombas incendiárias, resultando em 260 mil mortos e 9,2 milhões de pessoas desabrigadas. As cidades japonesas tinham a maioria das casas feitas de madeira e papel, o que aumentava o impacto dos incêndios. Somente em Tóquio, em uma noite, 40 km quadrados foram incinerados e 100 mil pessoas mortas – mais do que as que pereceriam na explosão nuclear de Hiroshima –, e um milhão de pessoas ficaram desabrigadas.

Além de incinerar cidades, os B-29 de LeMay colocaram 12 mil minas no mar, entre abril e agosto de 1945. Nesse período, 63% das perdas de transportes marítimos foram decorrentes da explosão dessas minas.

O Japão estava estrangulado e destruído. Mas seus generais e lideranças se recusavam a aceitar a rendição do país.

LEITURAS COMPLEMENTARES

HEALY, Mark. *Momento decisivo no Pacífico*: Midway, junho de 1942. Barcelona: Osprey Publishing, 2009.

KENNEDY, Paul. *Inferno no Pacífico*: o castigo da traição. Rio de Janeiro: Renes, 1978.

NEWCOMB, Richard F. *Iwo Jima*. São Paulo: Flamboyant, 1966.

SUGESTÕES DE FILMES DE FICÇÃO E DOCUMENTÁRIOS

A CONQUISTA DA HONRA. Direção de Clint Eastwood. EUA, 2006.

ATÉ O ÚLTIMO HOMEM. Direção de Mel Gibson. EUA, 2016.

CARTAS DE IWO JIMA. Direção de Clint Eastwood. EUA, 2006.

GRANDES MOMENTOS DA SEGUNDA GUERRA EM CORES. Ep. Okinawa. Direção de Nicky Bolster. EUA/Reino Unido. Série de documentário. Discovery-UK/Netflix/World Media Rights/ZDF Enterprises, 2019.

THE PACIFIC. Direção de Tom Hanks. Série em dez episódios. EUA, 2010.

YAMATO. Direção de Junya Sato. Japão, 2008.

A difícil vitória aliada

OS BOMBARDEIOS AÉREOS

Quando a guerra na Europa começou, em setembro de 1939, os ataques aéreos se concentravam nos alvos militares, industriais, de comunicações ou de alguma importância estratégica. Bombardeios a cidades como Varsóvia e Amsterdã, embora condenáveis por si mesmos, somente aceleraram rendições que já eram inevitáveis. A força aérea alemã, a Luftwaffe, tinha mais o objetivo de apoiar as ações em terra do que de destruir os alvos em si. Contudo, quando os ataques da Alemanha se voltaram contra a Inglaterra, a partir de 1940, o objetivo mudou para o enfraquecimento da capacidade de resistência britânica a uma invasão da ilha por forças germânicas.

O troco veio em 1941. Aviões britânicos bombardearam várias cidades alemãs. A princípio, concentraram-se na mesma categoria de alvos estratégicos de seus oponentes. Para

148 SEGUNDA GUERRA MUNDIAL

maior precisão, os bombardeios eram feitos à luz do dia. Aviões atacavam no limite de sua autonomia de voo, o que significava atuar no espaço aéreo inimigo sem caças de escolta. A vulnerabilidade dos bombardeios em ataques diurnos era grande. Com sua presença alertada pelos radares alemães e visíveis no ar, eram fustigados vigorosamente pelos caças e pela artilharia antiaérea. Os britânicos se deram conta de que a taxa de baixas cobrada por esses ataques era grande demais. Viram-se então diante do dilema: ataques mais eficientes, em termos de alvos estratégicos atingidos, somente poderiam ser feitos à luz do dia, mas suas enormes baixas, em termos de tripulação e aeronaves, eram inaceitáveis; a alternativa de promover ataques noturnos era menos perigosa para as tripulações, mas muito pouco eficiente em atingir os objetivos, os alvos em terra.

A "solução" de tal dilema foi liderada por Arthur Harris, o novo comandante do Comando de Bombardeios. Ele era defensor ardoroso do "bombardeio por área", ou seja, ao invés de se eleger alvos restritos, os aviões deveriam despejar abundantemente bombas em uma grande área, de modo a conseguirem atingir os objetivos prefixados. Para os que argumentavam que muitos civis nas áreas dos objetivos militares e industriais morreriam, Harris respondia que tais mortes seriam "danos colaterais". Mais que enfraquecer as defesas militares do inimigo, esses bombardeios ajudariam a destruir sua economia. Portanto, civis não seriam poupados.

Em maio de 1942, Harris coordenou um ataque de mais de mil bombardeios, vindos de 98 bases diferentes da Inglaterra, sobre a cidade alemã de Colônia. Com o lançamento de aproximadamente 1.500 toneladas de bombas, comuns e incendiárias, a cidade foi devastada impiedosamente. Os resultados militares foram menos expressivos do que a devastação humana: 61% de área construída e 200 mil desabrigados.

Esse tipo de bombardeio não foi adotado inicialmente pela parceira da RAF, a Força Aérea dos Estados Unidos (USAAF). Esta, dispondo de aviões dotados de miras de bombardeio Norden e caças de escolta, optou por bombardeios diurnos, mas, com o tempo, acabou reconhecendo que o número de baixas era inaceitável. Publicamente, os americanos continuaram a defender que se deveria evitar o "bombardeio por área". Mas, na prática, suas ações passaram a ser semelhantes às dos britânicos.

Nenhum ataque de "bombardeio de área" foi tão representativo desse tipo de conduta de guerra quanto a operação Gomorra, a sucessão de ataques à cidade alemã de Hamburgo, entre 24 de julho e 3 de agosto de 1943. A operação foi feita em conjunto com a USAAF, que fazia ataques diurnos, enquanto a RAF executava os noturnos. Os ataques incendiários criavam uma "tempestade de fogo": as chamas sugavam o oxigênio da atmosfera, causando um violento deslocamento de ar que varria, como um imenso furacão de fogo, tudo pela frente. A temperatura atingia mil graus Celsius, chegando a derreter o asfalto das ruas. O calor era tão forte que as equipes de resgate só podiam entrar em ação dois dias depois; quando abriam os abrigos antiaéreos, só encontravam pilhas de corpos fundidos em uma massa disforme. Foram 60 mil mortos, soterrados pelos desabamentos, atingidos pelas ondas de choque ou pelas chamas e, sobretudo, dentro dos abrigos, carbonizados ou asfixiados pela inalação dos gases produzidos por incêndios e explosões. O padrão da Gomorra seria repetido em várias cidades alemãs, com o ataque a Dresden, em fevereiro de 1945, como seu ápice em termos de brutalidade e destruição.

Dresden destruída, depois do bombardeio Aliado, em 1945. (Deutsche Fotothek / CC-BY-SA 3.0)

150 SEGUNDA GUERRA MUNDIAL

Por outro lado, quando os ataques se concentraram nos objetivos de interesse militar, como em Regensburg, sede da indústria que fabricava os aviões Messerschmitt e de refinarias de petróleo, ou em Schweinfurt, base da produção de rolamentos, os resultados foram decepcionantes. No caso desta última cidade, e do ataque aos campos de petróleo de Ploiesti, na Romênia, não apenas os objetivos não foram alcançados, como também as perdas de aviões e tripulações (50% de aviões e tripulações engajadas) transformaram as ações em notórios fracassos militares.

O caráter bárbaro dos bombardeios a cidades incomodou a opinião pública britânica. Para justificar tais ações, foi usado o argumento de que, quanto mais rápido a guerra fosse vencida, menos vidas inocentes seriam perdidas. Assim, a justificativa do "dano colateral" sustentava que não se queria matar não combatentes inocentes, mas que, em uma guerra terrível como a que estava sendo travada, as mortes não intencionais eram o efeito inevitável da necessária campanha contra a economia alemã.

Um tipo de ataque que não se dirigia a aglomerações urbanas diretamente, mas que visava afetar o fornecimento de energia elétrica e água para uso doméstico e industrial foi o dos destruidores de represas (*"dam busters"*). Ataques aéreos a represas e usinas hidroelétricas costumavam ter resultados ainda piores que os dos bombardeios a áreas industriais e militares. As bombas despejadas raramente se aproximavam das barragens e, quando explodiam por perto, o leito aquático absorvia parte importante do impacto explosivo. A solução apresentada foi a de lançar em voo transversal uma bomba cilíndrica (no formato de um barril), a menos de 50 m do solo, que explodiria próximo ao parapeito da represa. A pressão de milhões de litros d'água finalizaria a destruição. Além da perda da fonte de geração de energia e da coleta de água da região, os impactos da inundação na jusante da represa seriam devastadores e exigiriam meses de reconstrução. Era um tipo de missão muito arriscado para os pilotos, mas um grupo de pilotos da RAF se dispôs a executá-la. Metade dos aviões foi destruída e 40% da tripulação morreu. Por mais que os resultados positivos das represas destruídas e as inundações tivessem pesado positivamente, o preço em baixas foi muito alto.

Em termos de vidas perdidas, para os atacantes aliados, o balanço final dos bombardeios na Europa foi desastroso. Em toda a guerra, 47 mil homens da RAF e 30 mil da USAAF morreram em combate. Para os civis alemães, porém, o saldo foi muito mais trágico: 600 mil mortos, a imensa maioria composta de mulheres, crianças e homens mais velhos ou incapacitados para combate, uma vez que a massa masculina mobilizável já estava engajada em combate. Das vítimas, aproximadamente 30% morreram em consequência direta das explosões, enquanto 70% pereceram asfixiadas, em abrigos ou incêndios próximos. Ficaram sem teto 7,5 milhões de pessoas

Em termos estratégicos, os bombardeios cumpriram sua missão, apesar das baixas e falhas. Se a economia alemã não foi mortalmente afetada pela sucessão de bombardeios aéreos, estes a debilitaram significativamente, não só pela destruição em si, mas por desviar homens e recursos materiais para a defesa das cidades. Ao atingir intensamente a Alemanha, os Aliados tornaram-na menos forte, promovendo condições de maior resistência da União Soviética, que naquele momento travava uma luta de vida e morte contra os invasores alemães: 1/3 da produção de artilharia alemã foi direcionada para a defesa antiaérea, assim como 1/5 de todos os itens de munição; 1/3 dos instrumentos ópticos e 2/3 da produção de radares; 2 milhões de alemães foram empregados na defesa antiaérea, na reconstrução de fábricas e na limpeza da destruição. Além do mais, a supremacia aérea foi fundamental para o sucesso da operação Overlord. Assim, indiretamente, os bombardeios aéreos contribuíram de forma significativa para a vitória dos Aliados.

DA FRANÇA AO ELBA

Após a libertação de Paris, em 25 de agosto de 1944, o otimismo tomou conta dos Aliados. No entanto, os avanços exigiam uma estrutura de suprimentos dependente de portos que suportassem o movimento constante de homens e materiais. Dos dois *Mulberries* que tinham sido montados, um deles foi destruído pela tempestade violenta na semana seguinte ao desembarque aliado. O porto de Cherbourg, mais à oeste, tinha sido conquistado, mas estava localizado muito distante de onde as operações deveriam ocorrer a partir de agosto. Os portos do canal da Mancha ou ainda estavam nas mãos dos alemães, ou tinham sido destruídos na retirada das suas tropas. Mesmo se esses portos fossem libertados, os Aliados ainda teriam de enfrentar os frutos de sua própria destruição no momento do desembarque anfíbio: ferrovias, rodovias, pontes e caminhos bombardeados ou explodidos por bombardeios, artilharia ou pela Resistência Francesa.

Assim, à medida que as semanas passavam, as ações aliadas começaram a atrasar por falta de suprimentos. Esse atraso permitiu aos alemães se recompor e se preparar melhor para a defensiva que lhes seria exigida.

Sob a liderança do general Montgomery, foi planejada a operação Market Garden, cujo objetivo final era cruzar a fronteira alemã e ocupar a região do vale do Ruhr, o coração da indústria alemã. Porém, para chegar ao Ruhr, era preciso atravessar o rio Reno, na fronteira entre a Holanda e a Alemanha. Entre os Aliados e o objetivo da Market Garden se interpunham as forças armadas alemãs e pontes importantes no meio do caminho. A proposta da Market Garden consistia em lançar unidades de paraquedistas para capturar pontes até o Reno. De lá, avançar e estabelecer uma cabeça de ponte que permitisse o avanço dos exércitos aliados.

A operação, iniciada em 17 de setembro de 1944, foi um fracasso, com mais baixas que na invasão das praias da Normandia. A principal ponte a ser capturada no caminho para o Reno, em Arnhem, continuou nas mãos dos alemães. A previsão inicial de que até o Natal de 1944 os Aliados já estivessem em Berlim foi esquecida.

Como o inverno estava chegando, os Aliados interromperam os avanços. Antes, porém, tomaram o porto de Antuérpia em 28 de novembro. Para recuperá-lo, os alemães planejaram uma grande contraofensiva, com 250 mil homens e mil tanques em 24 divisões, a ser feita justamente na mesma floresta em que haviam surpreendido franceses, britânicos e belgas em 1940, as Ardenas. Aproveitando o mau tempo, que impedia a aviação aliada de apoiar suas tropas, os alemães atacaram furiosamente. As tropas aliadas chegaram a estar próximas da capitulação nas Ardenas, mas a escassez de combustível deteve o avanço germânico. Tanques e veículos alemães ficaram pelo caminho, sem uma gota. Quando o mau tempo esvaneceu, o apoio aéreo conseguiu ajudar os Aliados a esmagar os alemães na região.

Assim, no início de 1945, os Aliados, já com seus suprimentos em dia, se dirigiram à fronteira com a Alemanha. Encontraram uma ponte não destruída sobre o Reno, a ponte de Remagen, em 7 de março, e entraram no país. Patton (22 de março) e Montgomery (23 de março) também encontraram outras pontes e puderam atravessar com suas tropas. As tropas aliadas americanas e britânicas se dirigiam a Berlim quando, em abril, se depararam com algo terrível: os campos de extermínio de Buchenwald (11 de abril), Bergen-Belsen (15 de abril) e Dachau (29 de abril). Os sobreviventes encontrados nesses campos estavam com a saúde extremamente debilitada, e milhares deles não sobreviveram à liberação dos campos. Em Buchenwald, cidade próxima a Weimar, o general Patton ordenou que mil representantes da cidade, de classes médias e altas, se dirigissem até o campo para observarem *in loco* os resquícios do extermínio em massa e das atrocidades ali cometidas pelo nazismo.

Quando os comandantes das tropas aliadas já planejavam um ataque conjunto à capital do Reich, tiveram a progressão interrompida por ordem do comandante dos Aliados na Europa, general Eisenhower. Para o general, uma corrida até Berlim seria um risco inútil para os exércitos sob seu comando. Afinal, os espaços de poder na Europa pós-guerra já haviam sido definidos na Conferência de Chefes Aliados em Yalta, e a chegada (improvável) em Berlim antes dos soviéticos não mudaria a configuração do que já tinha sido decidido. Além disso, um esforço de chegar apressadamente a Berlim poderia colocar em risco a integridade das tropas, em particular as americanas, que ainda tinham uma guerra no Pacífico para terminar.

Em 25 de abril de 1945, tropas americanas e soviéticas se encontraram nas proximidades do rio Elba, em Torgau, a 130 km ao sul de Berlim. Nos dias seguintes, americanos e britânicos estacionaram e aguardaram o fim do conflito, com a tomada de Berlim pelos soviéticos e a assinatura da rendição germânica.

DA OPERAÇÃO BAGRATION A BERLIM

Na primavera de 1944, os alemães, em retirada, previam uma ofensiva soviética em direção a oeste. Só não sabiam onde exatamente ela se daria. Imaginaram que poderia ser em sua maior debilidade, o fornecimento de petróleo, e fizeram projeções de que os soviéticos atacariam pelo sul. Hitler mandou reforçar a defesa da Romênia e da Hungria, deslocando unidades Panzer, artilharia e divisões para lá.

Mas os planos soviéticos eram outros. Stalin queria atacar e eliminar um Grupo de Exércitos alemão inteiro, fragilizando os alemães em um ataque através da Bielorrússia. Assim, os soviéticos ficariam a uma curta distância de Varsóvia. Essa operação ganhou um nome de Bagration, uma homenagem a um general russo do século XIX.

Para os combates, a diferença de poderio militar, em números, era imensa, na ordem de 4:1. A União Soviética dispunha de 2,4 milhões de homens, 2,7 mil tanques e 5,5 mil aviões, enquanto a Alemanha dispunha de 850 mil homens, 118 tanques e 700 aviões. A data escolhida para o ataque, soando como ironia e vingança de Stalin, foi 22 de junho, aniversário do início da Barbarossa.

Foi uma vitória avassaladora da União Soviética. O avanço se deu em direção a Minsk, cidade que os soviéticos libertaram em 4 de julho. Na segunda fase da Bagration, partindo de Minsk, os alemães, em recuo, tentaram estabelecer uma linha defensiva no rio Vístula. Os soviéticos cruzaram a fronteira com a Polônia e estacionaram a leste de Varsóvia. Dois dias antes, o Exército alemão em Varsóvia tinha sido atacado por remanescentes do Exército Nacional polonês, que iniciaram um levante. O comandante soviético das operações, general Rokossovsky, tinha ordens para tomar Varsóvia em 2 de agosto de 1944, mas interrompeu a progressão nos arredores da cidade porque foi informado de um contra-ataque alemão com quatro divisões blindadas. Sem querer arriscar a operação, Rokossovsky, juntamente com Gueorgui Zhukov, elaborou um plano para tomar Varsóvia dali a duas semanas, mesmo com o levante ainda em curso. Stalin, no entanto, não autorizou os planos de libertar Varsóvia. Como estava 3 a 4 semanas à frente dos americanos na corrida por Berlim, preferiu ordenar um movimento para assegurar uma faixa territorial mais ampla a leste da fronteira alemã, prevendo que, quando as tropas soviéticas se reunissem com as dos americanos e britânicos, nas proximidades de Berlim, a União Soviética teria um amplo território para projetar seu poder no pós-guerra. Para Stalin, Varsóvia podia esperar.

Os soviéticos, portanto, se dirigiram para o sul, em direção à Romênia e à Hungria, países que se renderam no início de setembro. A perda dos poços de petróleo de Ploesti foi um duro golpe para os alemães. A Bulgária se adiantou e passou para o lado soviético. Os Bálcãs foram fechados pelos soviéticos em uma ação conjunta com os guerrilheiros comandados por Josip Tito, que expulsaram os alemães da Iugoslávia em outubro de 1944.

O inverno se aproximava e os soviéticos puderam se dar ao luxo de fazer uma pausa para descansar, recompor os depósitos de suprimentos e reforçar posições. Em janeiro de 1945, os soviéticos reiniciaram os combates. Após libertar os prisioneiros sobreviventes do campo de extermínio de Auschwitz, próximo a Cracóvia, Polônia, em 27 de janeiro de 1945, os soviéticos continuaram esmagando a resistência alemã. Chegaram ao rio Oder, a 80 km de Berlim, em 2 de fevereiro. Mais ao sul, em 15 de abril, os soviéticos tomariam Viena.

Em toda a Alemanha, mas principalmente no leste do país, as populações civis se apavoraram com a chegada dos exércitos invasores. Houve episódios de violências contra civis, saques e estupros, justificados muitas vezes pelos soviéticos como vingança pela orgia de massacres, estupros e roubos a que a população soviética havia sido submetida durante os anos de ocupação alemã. Os superiores hierárquicos dos soldados faziam vista grossa para tais atos.

Os ataques à capital alemã começaram no dia seguinte à tomada de Viena. Enquanto as forças soviéticas se encontravam com os americanos no rio Elba, em 25 de abril, o Exército Vermelho cercava Berlim. Os combates em Berlim foram violentos; neles morreram mais berlinenses no corpo a corpo com os soviéticos do que nos bombardeios aliados.

Em 30 de abril, quando o Exército Vermelho se aproximava da Chancelaria, onde a cúpula do nazismo estava abrigada em um *bunker*, Hitler se suicidou. Era o fim do sonho do Reich de Mil Anos. Os remanescentes do regime nazista e das forças armadas alemãs acabaram por aceitar os termos da rendição incondicional. O almirante Karl Dönitz, indicado por Hitler para sucedê-lo, assinou a Rendição em 7 de maio e fez um anúncio sobre isso, pelo rádio, ao povo alemão. A guerra na Europa acabou oficialmente no dia 8 de maio de 1945, o "Dia da Vitória".

O IMPÉRIO JAPONÊS ARRASADO

Após tomar a ilha de Okinawa e bombardear incessantemente as cidades japonesas, as forças armadas americanas faziam projeções para a operação Olympic, que consistiria na invasão do sul da ilha de Kyushu, a mais meridional das quatro grandes ilhas japonesas, em outubro de 1945. Todo o poderio militar americano seria utilizado, e o objetivo seria assegurar as bases para a operação Coronet, a ser desencadeada em março de 1946, visando ao ataque à principal ilha japonesa, Honshu, onde fica a capital Tóquio. O cálculo das baixas previstas para a Olympic era o número assustador de 500 mil baixas americanas (100 mil mortos), enquanto a Coronet previa 1 milhão e 200 mil baixas (200 a 250 mil mortos). A previsão de mortos entre os japoneses estimava entre 2 e 3 milhões de baixas entre combatentes e civis. A perspectiva era de que a guerra contra o Japão se estendesse até 1947.

Na Conferência de Yalta, em fevereiro de 1945, Stalin tinha sido consultado sobre as possibilidades de a União Soviética, depois de finalizada a guerra na Europa, entrar em guerra contra o Japão. Stalin comprometeu-se a fazê-lo três meses após o Dia da Vitória na Europa, pois necessitava reorganizar as forças soviéticas para abrir a segunda frente para o Japão. Assim, quando a guerra acabou na Europa, a previsão era de que as forças soviéticas estariam combatendo as japonesas em agosto de 1945.

O Japão já estava derrotado, destroçado, e sua população encontrava-se à beira da fome. Mas não parecia querer se render. As perspectivas, para os líderes políticos e militares americanos, eram preocupantes. Internamente, já não havia mais o consenso forjado durante a maior parte do conflito. As pessoas já não estavam mais dispostas a fazer sacrifícios em nome de uma vitória que, de certa forma, já tinha chegado. Não havia o entendimento de que a natureza do conflito no Pacífico era completamente diferente daquela da Europa. Navios carregados de soldados começavam a chegar (demorou mais de um ano para que todos os soldados americanos desmobilizados voltassem da Europa) e os familiares daqueles que estavam no Pacífico pressionavam para que a guerra fosse logo terminada, a qualquer custo, desde que seus rapazes voltassem vivos e bem. Os anos de propaganda de guerra agressiva contra os japoneses haviam sedimentado a indiferença ao sofrimento do inimigo que se recusava a terminar a guerra.

O que a opinião pública americana não sabia era que os Estados Unidos estavam prestes a ter em suas mãos um trunfo decisivo: a bomba atômica. Desenvolvida em absoluto segredo por cientistas e militares em laboratórios em Oak Ridge, Tennessee, Hanford, estado de Washington, e Los Alamos, Novo México, a partir de estudos da fissão de átomos de urânio, a bomba atômica teve seu primeiro teste em 16 de julho, no deserto de Alamogordo, Novo México. Era fruto do Projeto Manhattan, que ocupava 13 mil pessoas, entre cientistas e militares, ao custo de 2 bilhões de dólares na época. O teste foi muito bem-sucedido e impressionou os cientistas e Henry Stimson, secretário da guerra americano, que se dirigiu, no dia seguinte, a Potsdam, onde fez o relato do teste ao presidente americano Harry Truman. Dias antes, alguns dos cientistas do projeto, preocupados com o potencial destrutivo da bomba sobre populações indefesas, haviam proposto, como demonstração, explodir uma bomba em uma ilha ou lugar deserto, frente a uma comissão de representantes internacionais, e dar um ultimato ao Japão para que terminasse logo a guerra. Mas essa proposta não teve muito apoio, nem mesmo entre membros do Projeto Manhattan.

Havia, portanto, basicamente duas alternativas. A primeira: continuar os bombardeios convencionais sobre o Japão, aguardar a entrada da União Soviética na guerra do Pacífico e continuar as providências para uma futura execução da Olympic. A segunda: atacar o Japão com a bomba atômica. Esta foi a opção escolhida.

A decisão foi tomada durante a Conferência de Potsdam, ocorrida entre 17 de julho e 2 de agosto, na cidade alemã do mesmo nome, como o objetivo de definir a situação da Alemanha no pós-guerra e o reordenamento político mundial. A conferência reuniu Stalin, Churchill e o presidente americano Harry Truman, que substituía Roosevelt, falecido em 12 de abril de 1945. Em 26 de julho, esses chefes de Estado emitiram um ultimato ao Japão, ameaçando o país com a "pronta e total destruição", caso não se rendesse incondicionalmente. O tom semelhante aos outros ultimatos não mostrava ao Japão do real perigo que sua população corria.

Um dia antes do início da Conferência, tinha sido realizado, com sucesso, o teste da bomba em Alamogordo. De posse dessa informação, em 17 de julho, Truman decidiu bombardear o Japão com bombas atômicas. Durante a Conferência, Truman comentou vagamente com Stalin sobre a bomba, mas Stalin aparentemente não se interessou em saber mais detalhes. Os planejadores militares americanos escolheram algumas cidades para as explosões: em ordem de prioridade, seriam Hiroshima, Kokura, Nagasaki e Niigata.

Naquele momento, as forças soviéticas já estavam se reunindo e tomando posição na Manchúria para o ataque contra as posições japonesas. As interceptações americanas das mensagens japonesas mostravam que desde junho os japoneses estavam preocupados com a concentração de tropas soviéticas na fronteira com a Manchúria. Mesmo assim, Truman e seus assessores decidiram não esperar os resultados da invasão soviética e fazer logo uso da bomba.

Uma equipe de pilotos da Força Aérea americana, comandada pelo coronel Paul Tibbets, treinada desde o final de dezembro para soltar as bombas, decolou da base de Tinian, nas ilhas Marianas, na madrugada de 6 de agosto de 1945. Seu destino era Hiroshima. Às 8h16, a bomba atômica explodiu sobre a cidade. Entre 80 a 90 mil pessoas morreram instantaneamente ou por decorrência de ferimentos e/ou radiação, nos dias seguintes.

Os japoneses ainda não sabiam direito o que havia acontecido até que Harry Truman, 16 horas depois da explosão, anunciou que o que explodira em Hiroshima era uma bomba atômica. Ele terminou seu pronunciamento com o ultimato: se o Japão não aceitar os termos de rendição, "pode esperar uma chuva de destruição como nunca se viu na Terra". Contudo, os chefes militares japoneses não se demoveram e entenderam a destruição da cidade como resultado de bombardeios incendiários, como os anteriores.

No dia seguinte à explosão em Hiroshima, a situação piorou para os japoneses: a União Soviética declarou guerra ao Japão. Na madrugada de 8 para 9 de agosto, as forças soviéticas invadiram a Manchúria que estava sob domínio nipônico, usando quase 89 divisões, totalizando 1,6 milhão de soldados soviéticos, mais de 5 mil tanques, quase 4 mil aviões e 1.700 lançadores de foguetes Katyusha. Foi uma ofensiva devastadora: em uma semana, os soviéticos aprisionaram meio milhão de japoneses e contaram 12 mil mortos entre os seus, contra 80 mil japoneses. Finalmente, os soviéticos ocuparam a Manchúria, uma área maior que toda a Europa Ocidental. Foi o cumprimento do compromisso de Stalin, com Roosevelt e Churchill em Yalta, de abrir uma frente contra o Japão três meses depois do Dia da Vitória. Mas foi, igualmente, uma demonstração de poder soviético, não apenas no que dizia respeito ao Japão, cuja invasão estaria, em teoria, geograficamente mais próxima, como também em relação à China e à Coreia.

A notícia da invasão soviética na Manchúria foi colocada em segundo plano, pelo menos no Ocidente, devido à explosão da segunda bomba atômica no Japão, em Nagasaki, na manhã do mesmo dia, matando 40 a 50 mil pessoas, nas mesmas condições de Hiroshima.

No Japão, não havia mais como ignorar o poder destrutivo das bombas atômicas. A pressão sobre a cúpula do poder japonês, o Conselho de Guerra, foi grande, mas havia ainda grande divisão entre os que entendiam ser necessária a rendição, para salvar o que restava do Japão, e aqueles que não a aceitavam nos termos apresentados. Entre as razões destes últimos para recusarem a rendição incondicional, estavam as exigências dos Aliados de que os japoneses não controlassem a desmobilização e o desarmamento das forças armadas do país, pudessem ser julgados por crimes de guerra em tribunais internacionais e tivessem seu território ocupado pelos Aliados. Além disso, o imperador não teria mais autoridade sobre os destinos do país, o que muitos consideravam impensável.

A pressão para pôr um fim à guerra ficou ainda maior entre os japoneses em virtude da declaração de guerra da União Soviética e das ações militares soviéticas em curso contra o Japão. Em breve, previam, os soviéticos fariam com que o Império não somente perdesse suas possessões na China e na Coreia, mas também – o que era considerado mais grave – invadiriam o Japão, particularmente através do estreito entre a ilha Sacalina e o território japonês da ilha de Hokkaido. A aversão de militares e governantes japoneses ao comunismo e aos russos aumentava o pavor que já tinham do Exército Vermelho.

Mesmo assim, o impasse continuou por algum tempo até finalmente o imperador se pronunciar dizendo que havia optado pela rendição. A decisão não foi aceita por alguns militares, que tentaram um golpe, debelado. Àqueles que resistiam intransigentemente à rendição, restou o suicídio. Em 15 de agosto, o imperador Hirohito anunciou por rádio a rendição do Japão. Era a primeira vez que os japoneses ouviam a voz do seu imperador. Hirohito instruiu ao Conselho de Guerra que negociasse com os Aliados os termos da rendição que lhe garantissem a manutenção de sua imagem de respeito e sua posição de imperador. Nas outras questões – como a ocupação militar do território japonês, o desarmamento das suas tropas e o julgamento em tribunal internacional por crimes de guerra –, os Aliados não cederam. O Império Japonês acabou aceitando os termos da rendição, que foi assinada em 2 de setembro de 1945, no deque do encouraçado americano USS Missouri, ancorado na baía de Tóquio. A Segunda Guerra Mundial estava, oficialmente, encerrada.

Após o final da guerra e nas décadas seguintes, foi predominante a explicação de que as bombas atômicas tinham sido as responsáveis por acabar a guerra contra o Japão. Mais ainda, que seu uso salvou a vida de centenas de milhares de soldados americanos, dezenas de milhares de vidas dos prisioneiros aliados em territórios ainda dominados pelo Japão, bem como centenas de milhares, senão milhões, de civis e militares japoneses, caso as operações de invasão, como as programadas Olympic e Coronet, fossem desencadeadas. No entanto, a divulgação posterior no Ocidente dos horrores causados à população das cidades atingidas pelas bombas atômicas, as avaliações que davam mais peso à guerra que a União Soviética iniciava contra o Japão, bem como o argumento de que a bomba tenha sido usada como o primeiro movimento da nascente Guerra Fria (como demonstração de poder dos Estados Unidos), estimularam historiadores a rever a versão até então aceita. Questões éticas e historiográficas reforçaram a pergunta: foi realmente necessário explodir bombas atômicas em cidades japonesas?

Vejamos alguns dados objetivos. As ações anteriores, como em Okinawa – nas quais os japoneses haviam lutado praticamente até o último homem, no que eram em grande parte acompanhados pela população civil –, faziam prever uma carnificina de dimensões inéditas até mesmo para os padrões de morticínio da Segunda Guerra. Os comandantes de unidades japonesas na Ásia haviam recebido ordens de matar seus prisioneiros aliados em caso de invasão do território japonês. Os bombardeios convencionais, como os que ocorreram em Tóquio, mataram até mais pessoas em uma noite do que a bomba atômica. E ainda havia a recusa sistemática das lideranças japonesas em aceitar a rendição, o que foi demonstrado mesmo depois de duas bombas atômicas atingirem o país.

Tudo isso é inegável. Contudo, a questão proposta não se limita à eficiência militar, mas a uma decisão pelo uso – e demonstração prática – de uma arma de poderes terríveis jogada sem avisos sobre populações não combatentes. Não era uma arma qualquer. Era *A Arma*, contra a qual não havia defesa possível. Aliás, nem hoje em dia há, a não ser a dissuasão promovida pelo fato de o outro lado também ter *A Arma*.

Assim, alguns historiadores continuam a questionar se, no contexto da Segunda Guerra Mundial, os bombardeios convencionais, cujos alertas poderiam pelo menos salvar as vidas que conseguissem correr aos abrigos, não poderiam ser continuados até que a combinação da guerra insuportável em duas frentes fizesse o Japão capitular. Argumentam: o Japão já estava prostrado, definhando em razão dos bombardeios convencionais aliados e do estrangulamento do fluxo de alimentos e matérias-primas essenciais, sua população mais pobre passava fome e carecia de abrigo. Os Aliados não poderiam ter aguardado pelos efeitos da entrada na guerra da União Soviética contra o Japão, como haviam acordado Roosevelt e Stalin?

O fato é que, antes mesmo das ações soviéticas na Manchúria, os responsáveis pela estratégia americana na guerra já haviam decidido pelo uso da bomba, independentemente de qualquer possibilidade de a guerra ser terminada pelos meios convencionais. A bomba de urânio que seria explodida em Hiroshima já estava embarcada secretamente no cruzador USS Indianapolis, com destino a Tinian, no mesmo dia 16 de julho em que o teste da bomba de plutônio seria realizado. Já no dia seguinte, Truman, ao receber o relato do sucesso do teste, decidiu por usar a bomba nas cidades japonesas que não foram escolhidas tanto por seu papel estratégico no esforço de guerra japonês, mas para demonstrarem o poder da bomba: concentrações urbanas grandes que não haviam ainda sido atingidas por bombardeios convencionais aliados, nas quais a bomba atômica causaria dano efetivo e notório. Por que a pressa em embarcar e explodir logo as bombas? E por que, depois de já ter demonstrado aos japoneses o poder supremo da bomba em Hiroshima, jogar outra em Nagasaki, sem esperar que informações detalhadas que chegassem de Hiroshima mostrassem às lideranças japonesas a inviabilidade de continuar a guerra? Segundo alguns historiadores ocidentais e também japoneses, a decisão de jogar a bomba estaria mais ligada à projeção de poder americano, no pós-Segunda Guerra Mundial, contra a União Soviética, do que propriamente à sorte da guerra no Pacífico. Ou, pelo menos, tenha sido uma combinação do esforço em poupar centenas de milhares de vidas americanas, no que seria a continuidade de uma guerra convencional, com a ideia de projetar o poder dos Estados Unidos no pós-guerra, impondo limites à expansão soviética nos anos seguintes ao conflito. O debate continua e, como todos os demais referentes à história da Segunda Guerra Mundial, está muito longe de ser esgotado.

CONSEQUÊNCIAS DA MAIOR GUERRA DA HISTÓRIA

Quando a Segunda Guerra Mundial terminou, o sentimento de alívio foi maior que o de júbilo. Obviamente que, para as populações do lado vencedor, o Sol parecia nascer mais radioso do que entre aquelas que amargavam a derrota e a ruína. Porém, o balanço trágico da guerra não deixava dúvidas de que a humanidade como um todo havia sido a maior derrotada: 60 a 70 milhões de mortos, dezenas de milhões de refugiados, continentes devastados, um custo de 1,5 trilhão de dólares e muitas incertezas sobre o futuro.

As maiores vítimas da guerra foram as populações civis que, desarmadas, arcaram com três quartos dos mortos na guerra. O custo da guerra para a população civil ficou maior ainda porque a esmagadora maioria dos soldados, agora veteranos de guerra, era também formada por civis quando o conflito começou. Essas dezenas de milhões de soldados retornaram à sua condição de cidadãos comuns, em busca de sustento e de felicidade, mas nem sempre encontraram um ambiente de reintegração acolhedor, pois voltavam mudados, sem a inocência que os caracterizavam quando partiram para o *front*, algo para o qual a população do *front* doméstico não estava preparada. Para muitos deles, a guerra nunca acabou.

Em outros lugares, atingidos ou não diretamente pela guerra, o conflito abriu caminhos para processos de emancipação nacional. Nas colônias europeias da Ásia e da África, os anos pós-guerra significaram o aumento da hostilidade de seus habitantes contra o domínio dos impérios decadentes. Em questão de duas décadas, os movimentos de descolonização se mostrariam irrefreáveis.

Algumas consequências da guerra não vieram imediatamente após o seu fim. Na China, somente superada pela União Soviética em vítimas fatais da guerra, o enfraquecido governo chinês do Kuomintang perdeu terreno e foi vencido por uma revolução comunista baseada em camponeses, liderados por Mao Tsé-tung. Em 1949, surgia a República Popular da China.

Contudo, as maiores transformações ocorreram com a guerra ainda em seus últimos momentos, ou recém-terminada. Antes mesmo do fim do conflito, duas conferências entre chefes de Estado aliados, em Yalta e Potsdam, trataram de definir a reorganização política e territorial do mundo pós-guerra. Para fomentar a paz entre as nações, foi criada a segunda tentativa de uma instituição internacional, a Organização das Nações Unidas (ONU). Tribunais internacionais para julgar os crimes de guerra do Eixo também foram constituídos; e diversas lideranças foram julgadas e condenadas. Nem todos os criminosos, porém, chegaram às barras dos tribunais. Alguns grupos acusados de crimes de guerra, como os milhares de membros da Unidade 731 japonesa, e cientistas alemães acusados de usar trabalho escravo e outros procedimentos desumanos, como o engenheiro Wernher von Braun, foram poupados por serem considerados úteis nos futuros embates entre Estados Unidos e União Soviética.

Nas conferências de Yalta e Potsdam, a reordenação do mundo foi decidida. Foi aceito o poder soviético no Leste Europeu e nos Bálcãs, com exceção da Grécia. Isso significou que seriam reconhecidos os governos pró-União Soviética na Polônia e em outros países do Leste. Em contrapartida, os movimentos comunistas na Grécia e na Itália não contaram com apoio soviético. Estados Unidos, Grã-Bretanha e França se encarregaram da reorganização da Europa Ocidental. Deixar parte da Europa nas mãos dos soviéticos não foi uma mera concessão dos Aliados ocidentais, como reconhecimento de que a União Soviética pagara o preço mais caro pela vitória, em número de vidas e destruição material. Foi fruto de uma constatação de realismo político e militar. Às duas potências vencedoras não interessava prolongar a guerra ou reiniciá-la contra um inimigo invencível.

Invertendo a máxima de Clausewitz, nos anos que se seguiriam, as políticas externas de soviéticos e americanos consistiriam em travar a guerra por outros meios, ou por "procuração", com outros atores.

A divisão do mundo em duas áreas de influência foi o embrião da Guerra Fria entre Estados Unidos e União Soviética, ou entre mundo capitalista e mundo socialista, que estava apenas começando. A Alemanha, símbolo da Segunda Guerra na Europa, e da Guerra Fria nas décadas seguintes, foi dividida em 1945 em zonas de ocupação pelas potências aliadas (Estados Unidos, Grã-Bretanha, França e União Soviética). Em 1949, consolidou-se a divisão do país em duas repúblicas: um lado ocidental, capitalista, a República Federal da Alemanha; e o lado oriental, comunista, a República Democrática Alemã. Tal divisão sobreviveria até o fim da Guerra Fria, com o esfacelamento dos regimes socialistas no Leste Europeu, entre 1989 e 1990, e com a desintegração da União Soviética, em 1991.

Desta vez, contudo, sabia-se que uma guerra "quente" colocaria em risco a vida humana no planeta, devido à ameaça nuclear. Estabelecia-se, assim, aquilo que o filósofo e sociólogo Raymond Aron definiu como uma situação de "paz impossível, guerra improvável".

LEITURAS COMPLEMENTARES

BROOKS, Lester. *História secreta da rendição japonesa de 1945*. Rio de Janeiro: Globo Livros, 2019.

HASTINGS, Max. Alemanha sitiada; A queda do Terceiro Reich; O Japão prostrado. In: _____. *Inferno*: o mundo em guerra, 1939-1945. Rio de Janeiro: Intrínseca, 2012, pp. 598-674.

KERSHAW, Ian. *O fim do Terceiro Reich*: a destruição da Alemanha de Hitler, 1944-1945. São Paulo: Companhia das Letras, 2015.

MUNHOZ, Sidnei José. *Guerra Fria*: história e historiografia. Curitiba: Appris, 2020.

TCHUIKOV, Vassily. *A conquista de Berlim. 1945*: a derrota dos nazistas. São Paulo: Contexto, 2017.

THOMAS, Gordon; WITTS, Max Morgan. *A bomba de Hiroshima*. São Paulo: Círculo do Livro, 1977.

SUGESTÕES DE FILMES DE FICÇÃO E DOCUMENTÁRIOS

A QUEDA – AS ÚLTIMAS HORAS DE HITLER. Direção de Oliver Hirschbiegel. Alemanha/Itália/Áustria, 2004

CAIXA POSTAL 1142. Direção de Mor Loushy e Daniel Sivan. Documentário/Animação. EUA, 2021.

O INÍCIO DO FIM. Direção de Roland Joffé. EUA, 1989.

UMA PONTE LONGE DEMAIS. Direção de Richard Attenborough. EUA/Reino Unido, 1977.

Precisamos falar sobre extermínio

Os livros de História sobre a Segunda Guerra Mundial, particularmente aqueles voltados mais para os eventos militares, entendem o *Holocausto*, ou como se prefere denominar aqui, a *guerra de extermínio de judeus na Europa*, como um detalhe, importante sim, mas sem relação estrutural com o evento principal que teria sido a "guerra em si".

Com o que sabemos hoje, das pesquisas realizadas em todo o mundo, essa posição é cada vez mais difícil de ser defendida. Os objetivos da Alemanha nazista no leste não se basearam apenas na mera conquista de territórios, mas também em uma guerra de extermínio. Ações que fugiam da lógica de combate e do fortalecimento do país na guerra frequentemente privilegiavam a "Solução Final", em vez de direcionar recursos, limitados, para o poder militar e moral de um país em guerra.

Outra posição equivocada é a de se afirmar que o extermínio foi um dos vários crimes de guerra praticados pelos beligerantes,

Entrada do campo de Auschwitz-Birkenau, em foto de 1945.
(Bundesarchiv, B 285 Bild-04413 / Stanislaw Mucha / CC-BY-SA 3.0)

Cova coletiva para os mortos
no campo de concentração
de Bergen-Belsen depois
da libertação pelas tropas britânicas,
em 15 abril 1945.
(Library of Congress's Prints
and Photographs Division)

Sobreviventes do campo
de Buchenwald.
A guerra de extermínio
aos judeus chegou aos limites
inimagináveis de desumanidade.
(National Archives and Records
Administration)

de dimensões, responsabilidades e consequências equivalentes a outras transgressões relativas às leis da guerra. De fato, todos os casos de crimes de guerra devem chamar nossa atenção. Mas a guerra de extermínio contra judeus (e contra eslavos, ciganos, testemunhas de Jeová, homossexuais etc.) guarda algumas especificidades em relação a outros crimes de guerra. Em primeiro lugar, porque teve participação, ativa ou passiva, de membros de boa parte da sociedade civil, e não apenas das forças armadas alemãs. Em segundo lugar, porque atingiu não só cidadãos das nações inimigas, indiscriminadamente, como num bombardeio aéreo – o que é condenável, é bom que se diga –, mas grupos específicos de nações ocupadas, desarmados e incapazes de se defender, inclusive nas instâncias comuns de defesa, como a jurídica. Em terceiro lugar, o extermínio foi sistemático, organizado, planejado e integrou-se às ações de guerra da Alemanha. Houve mesmo momentos em que a guerra propriamente dita e a guerra de extermínio concorreram pelos mesmos recursos e dispositivos.

Aqui será evitado alongar-se sobre as origens do antissemitismo e sua capilaridade variada em diversos lugares da Europa. Para tanto, há excelentes obras que podem aprofundar o leitor no assunto, algumas delas relacionadas no fim do capítulo. Também será evitado lançar a responsabilidade da guerra de extermínio nas próprias vítimas, ou seja, procurar as razões de elas terem sido alvos de perseguição e aniquilação, nas características históricas da própria comunidade. Seria como justificar o estupro de uma jovem que estivesse andando na rua de minissaia. Nada justifica o estupro, assim como nada justifica o extermínio. Ponto.

Segundo o historiador Saul Friedländer, antes do início da guerra, as políticas do nazismo contra os judeus visavam essencialmente à exclusão deles da sociedade alemã, forçando ao máximo sua expulsão do país. De fato, a maioria dos judeus alemães abandonou o seu país, mas em condições muito desfavoráveis, pois não tinham o direito de manter seus bens e empreendimentos morando no exterior, tampouco levar consigo o dinheiro da venda de seus bens. Os movimentos de saída do país aumentaram depois da Noite dos Cristais, em novembro de 1938. Ainda assim, seja por acreditar que o nazismo fosse passageiro, seja por não querer sair, seja por não ter recursos para tal, uma parte da população judia na Alemanha permaneceu no país, mesmo em condições inóspitas e sujeita a leis hostis.

Embora os nazistas não tivessem conseguido expulsar todos os judeus da Alemanha, eles conseguiram tornar "natural" (ou seja, fizeram parecer natural), "normal", "aceitável", na sociedade germânica – e depois nas outras que ocuparam durante a guerra – tanto o antissemitismo quanto o alheamento às consequências do ódio aos judeus.

A partir de setembro de 1939, com a conquista da Polônia, iniciou-se uma outra fase nos esforços de exclusão dos judeus. Primeiramente, ao tomar a Polônia, o Reich teria que incorporar mais 3 milhões de judeus à sua população. Mantê-los a distância foi a solução encontrada. Muitos judeus alemães também foram removidos para a Polônia ocupada.

Nas ações militares, como foi mostrado no capítulo "Uma guerra europeia", já tinha havido assassinatos de civis judeus e eslavos, por parte das tropas ocupantes. Mas essas ações não eram ainda de matança sistemática. A maioria dos judeus da Polônia não foi alvo de assassinato sistemático, o que não quer dizer que não tenha sofrido maus-tratos terríveis. A comunidade de judeus na Polônia era o maior núcleo da população e da cultura judaica no mundo. Na Polônia, a repressão aos judeus foi feita sem disfarces. Os judeus foram confinados em guetos, espaços urbanos menores do que a demografia podia suportar, com acesso restrito a alimentos, atendimento médico e fontes de aquecimento. Fechados sob vigilância das tropas alemãs, os judeus nos guetos ficaram sujeitos à fome, ao frio extremo e a várias doenças. O principal e mais populoso gueto foi o da capital, Varsóvia. Apenas nos guetos, morreram 600 mil judeus poloneses, ou seja, 20% de todos os judeus do país.

As outras experiências de ocupação alemã decorrente de guerra variaram de acordo com o grau de antissemitismo da população local e também com a capacidade/vontade de resistência dos habitantes às imposições nazistas. Na França de Vichy, com a maior população de judeus da Europa Ocidental, os ocupantes nazistas puderam desenvolver suas políticas antissemitas como se estivessem em seu país, com a prestimosa colaboração do antissemitismo local. Na Eslováquia, Croácia, Lituânia e Romênia, as políticas contra os judeus aproveitaram a ocupação nazista para desenvolver perseguições brutais, não apenas aos judeus, mas também a outros grupos nacionais/étnicos inimigos.

O oposto também ocorreu. Nos países nórdicos, os alemães se depararam com uma resistência firme dos chefes de Estado, que se recusaram sistematicamente a entregar os judeus de sua nação aos nazistas. O caso da Dinamarca foi exemplar. O país foi ocupado em 1941 pela Alemanha, no mesmo movimento de avanço em que os alemães tomaram a Noruega. Os nazistas a trataram como um governo neutro, pelo menos até 1943. A Igreja luterana dinamarquesa defendia os judeus, assim como boa parte da população. Quando, em setembro de 1943, se espalhou a notícia de que os judeus dinamarqueses poderiam ser deportados, membros do governo dinamarquês alertaram as lideranças judaicas e juntos providenciaram um deslocamento da população hebraica do país. Usando a frota pesqueira, os judeus atravessaram em barcos o estreito até a Suécia, onde receberam permissão para morar e trabalhar. A Finlândia também se recusou a deportar seus judeus.

A Bulgária, embora ocupada pelos nazistas, também resistiu ao máximo para ceder às suas pressões. Mesmo a Itália de Mussolini resistiu à deportação de seus judeus – somente após Mussolini ter sido deposto e os alemães tomarem a Itália é que judeus italianos passaram a ser deportados.

Em junho de 1941, no entanto, tudo mudou. A operação Barbarossa alterou a política alemã em relação aos judeus do leste, no sentido da adoção de uma verdadeira guerra de extermínio. Na vanguarda do Exército alemão, estavam as unidades especiais, destinadas explicitamente ao extermínio de judeus, comunistas, ciganos, funcionários do Estado soviético etc.: as SS, a Gestapo e os *Einsatzgruppen*. As atividades desses grupos estavam articuladas com as do Exército alemão.

Além disso, os alemães definiram planos para "resolver" o problema dos milhões de judeus sob seu poder. A Conferência de Wannsee, reunida em 20 de janeiro de 1942, com a cúpula do Partido Nazista, para discutir a questão dos judeus – embora sem Hitler – visava chegar a uma solução para o problema, a "Solução Final". Ficou decidido que o objetivo não era mais deslocar os judeus para algum lugar inóspito e distante do Reich, mas exterminar a população dos guetos e dos campos de concentração e de trabalho. A partir de então, o confinamento em guetos e as deportações progressivamente passariam a significar a condenação à morte dos judeus.

Na frente russa, principalmente, os métodos de se matar em massa foram desenvolvidos de maneira a produzir o maior volume de exterminados com o menor custo humano e material. Um exemplo foi o dos fuzilamentos, que eram recomendados por alguns oficiais para salvar um verniz de legalidade da guerra e para manter a disciplina dos soldados. Outro exemplo foi o da discussão sobre se era melhor exterminá-los com tiros na nuca, após as vítimas cavarem sua própria cova, ou fazer uso de caminhões fechados para matar grupos com o monóxido de carbono expelido pelos escapamentos, colocados para dentro da carroceria. Ambos os métodos foram empregados. Experiências com execuções com monóxido de carbono e com inseticida Zyklon B foram feitas e aprovadas. Tal método se tornaria corrente no novo tipo de campo para onde eram direcionados os judeus: o campo de extermínio. Esses campos, diferentemente dos campos de trabalho ou concentração, foram feitos para exterminar o maior número de pessoas em menor tempo e com menores custos. Sua organização para a matança era feita de forma industrial. O mais importante era que o sistema era organizado de modo que as vítimas não soubessem o que lhes esperava – embora desconfiassem. No início de 1942, seis campos desse tipo tinham sido construídos na Polônia, e vieram a se somar com campos na Alemanha, Áustria e Hungria.

Na documentação disponível sobre a administração da Solução Final nos campos, chama a atenção o uso frequente de palavras em código, na linguagem burocrática, para lidar com os procedimentos do extermínio. Isso mostra que, para os nazistas, o extermínio de judeus não era crime, mas "limpeza racial". Contudo, pode também trair um incômodo moral ou o receio de que outros grupos da população alemã se colocassem contra tais práticas. Em 1942, foi criado o Komando 1005, uma unidade especial que tinha a missão de eliminar os traços do extermínio. Havia, talvez, o receio de que as gerações futuras não compreendessem a "nobreza da missão", como enfatizado por Himmler, executada no presente.

A mobilização de uma parte das forças armadas e dos sistemas logísticos nas tarefas de extermínio gerou queixas de alguns oficiais generais, pois as forças armadas queriam aproveitar a mão de obra forçada dos judeus nas indústrias de guerra, mas a ideia do extermínio indiscriminado, a partir do fim de 1942, prevaleceu. O mesmo aconteceu com os problemas logísticos. Havia um impasse entre transportar judeus *versus* transportar soldados e provisões para a frente soviética. Houve atrasos no envio de suprimentos aos exércitos, mas não se mexeu no sistema que estava drenando recursos humanos e materiais que poderiam ser usados nas frentes de combate e que estavam dedicados, preferencialmente, para o extermínio judeu.

Por fim, a última questão polêmica é: quem sabia e o que poderia ser feito? Qual o conhecimento que os judeus europeus tinham sobre o extermínio? E os representantes civis e militares de outras nações, o que poderiam fazer?

No caso dos próprios judeus, a maioria não sabia que não seria possível evitar a morte, apesar das informações sobre o extermínio, que escapavam dentro e fora da Europa. Mas mesmo aqueles que não sabiam, e que ainda estavam nos guetos, aguardando talvez as próximas composições para conduzi-los aos campos, intuíam que seriam levados para a morte. Poucos resistiram tão bravamente como os confinados no Gueto de Varsóvia, no início de 1943. Conseguiram armas e explosivos e iniciaram uma rebelião. Depois de meses de luta, a repressão foi vitoriosa e brutal: 7 mil judeus foram executados, o resto foi evacuado ou para o campo de

Treblinka – de onde poucos voltariam vivos – ou para campos de trabalhos forçados – nos quais também a mortalidade era grande.

Um dos capítulos mais sombrios nessa história do extermínio dos judeus na Europa durante a Segunda Guerra Mundial é a omissão das lideranças civis e militares dos Aliados. Desde 1942 havia informações sobre extermínio nos campos. Em maio de 1944, organizações judaicas pediram aos governos dos Estados Unidos e Grã-Bretanha para bombardear Auschwitz ou as ferrovias que ligavam os campos. Os governos se recusaram a fazer tais ações, argumentando que desviariam recursos importantes dos Aliados, e colocariam a vida dos pilotos e da população em risco. Argumentaram, por fim, que acelerar a vitória salvaria mais vidas do que bombardear os campos ou seus acessos.

A posição das igrejas cristãs não foi melhor. O papa Pio XII optou por não confrontar os nazistas. No entanto, alguns padres e bispos tomaram decisões individuais de resistência. Algo semelhante ocorreu com as igrejas protestantes que, como instituição, não confrontaram o nazismo e suas práticas, mas tinham, em alguns de seus sacerdotes, ativistas contra a política nazista para com os judeus.

Concluindo as reflexões sobre a política de extermínio nazista neste livro, aqui se adotou o entendimento de que o genocídio dos judeus na Europa (bem como outros genocídios, como o dos ciganos, das testemunhas de Jeová, dos eslavos, entre outros) foi indissociável da guerra em curso.

A Segunda Guerra Mundial na Europa foi o resultado de um conjunto de eventos e conflitos gerados pelo menos uma década antes, e não o rompimento surpreendente da ordem mundial numa mera madrugada de setembro de 1939.

De maneira análoga, a guerra de extermínio na Europa não surgiu da reunião de uns celerados numa mansão à beira do lago Wannsee, nos arredores de Berlim, em janeiro de 1942. Foi o amadurecimento de um longo processo que culminou com uma das maiores tragédias de toda a história da humanidade. Esse processo consistiu em "naturalizar" diversas brutalidades, até que uns passaram a apoiar, outros aquiesceram e se adaptaram, outros se sentiram sem voz e impotentes, e uns poucos resistiram, no início.

"Isso não acontecerá. Não somos bárbaros", ainda se ouvia, quando os primeiros grupos que propagavam ruidosamente a "limpeza racial" ainda eram minoritários. Contudo, assim como a Segunda Guerra Mundial não começou simplesmente com a invasão da Polônia pela Alemanha em 1939, o extermínio dos judeus não começou com a Solução Final. Essa foi, na verdade, a consolidação de um longo processo que levou às políticas de extermínio. Primeiro, foi preciso "naturalizar" a hostilidade aos judeus, em nome da grandeza da nação, à qual aqueles supostamente não deveriam pertencer. Depois, foi preciso "naturalizar" o avanço contra as fontes de sua dignidade econômica e social, os frutos do seu trabalho, com a interdição profissional, a ruína forçada de seus empreendimentos, o confisco e caça de seus bens. A seguir, desde o início da guerra, na Polônia e em outros lugares ocupados a leste, foi preciso "naturalizar" seu confinamento em guetos, ou deixar como opção sua vulnerabilidade à caça assassina das ss e de parte do próprio Exército alemão, sem travas morais. Os passos terríveis, posteriormente, foram a "naturalização" do poder absoluto sobre seus corpos, nos campos de trabalho e de concentração, e a "naturalização" de seu extermínio. O impensável aconteceu. Embora abjeto, não houve revolta moral que vencesse a conformação. E poucos, muito poucos, reconheceriam no final da guerra: "Isso ocorreu. Fomos bárbaros".

Oxalá a humanidade não sofra outra tragédia inominável como esta, porque tolerou o intolerável, porque tornou "natural" o que sempre foi e sempre será monstruoso. Os neofascismos, com seu reservatório de ódios de todas as espécies, com suas bandeiras supremacistas, com sua pulsão de morte pregando exclusões e eliminações do Outro, estão em franca atividade. Que o conhecimento da história da Segunda Guerra Mundial e de todos os seus extermínios possa nos ajudar a combater pelo bom combate.

LEITURAS COMPLEMENTARES

BARTOV, Omer; GROSSMAN, Atina; NOLAN, Mary (eds.). *Crimes de guerra*: culpa e negação no século XX. Rio de Janeiro: Difel, 2005.

CYTRYNOWICZ, Roney. *Memória da barbárie*: a história do genocídio dos judeus na Segunda Guerra Mundial. São Paulo: Nova Stella/Edusp, 1990.

GUTERMAN, Marcos. *Holocausto e memória*. São Paulo: Contexto, 2020.

LEÃO, Karl Schurster Souza. A guerra de extermínio dos judeus na Europa (1941-1945). In: SILVA, Francisco Carlos Teixeira da; LEÃO, Karl Schurster Souza (orgs.). *Por que a guerra?* Das batalhas gregas à ciberguerra – uma história da violência entre os homens. Rio de Janeiro: Civilização Brasileira, 2018, pp. 426-457.

WISTRICH, Robert. *Hitler e o Holocausto*. Rio de Janeiro: Objetiva, 2002.

SUGESTÕES DE FILMES DE FICÇÃO E DOCUMENTÁRIOS

ADEUS, MENINOS. Direção de Louis Malle. França, 1987.

A LISTA DE SCHINDLER. Direção de Steven Spielberg. EUA, 1993.

FILHOS DA GUERRA. Direção de Agnieszka Holland. Alemanha/França/Polônia, 1990.

NOITE E NEBLINA. Direção de Alain Resnais. Documentário. França, 1955.

SHOAH. Direção de Claude Lanzmann. Documentário. França. 1985.

Para conhecer mais

SUGESTÕES DE OBRAS GERAIS SOBRE A SEGUNDA GUERRA MUNDIAL

Coggiola, Osvaldo. *A Segunda Guerra Mundial*: causas, estruturas, consequências. São Paulo: Livraria da Física, 2015.

Davies, Norman. *Europa na guerra, 1939-1945*: uma vitória nada simples. Rio de Janeiro: Record, 2009.

Gilbert, Martin. *A Segunda Guerra Mundial*: os 2.174 dias que mudaram o mundo. Rio de Janeiro: Casa da Palavra, 2014.

Hastings, Max. *Inferno*: o mundo em guerra, 1939-1945. Rio de Janeiro: Intrínseca, 2012.

Kitchen, Martin. *Um mundo em chamas*: uma breve história da Segunda Guerra Mundial na Europa e na Ásia, 1939-1945. Rio de Janeiro: Jorge Zahar, 1993.

Mandel, Ernest. *O significado da Segunda Guerra Mundial*. São Paulo: Ática, 1989.

Masson, Philippe. *A Segunda Guerra Mundial*: história e estratégias. São Paulo: Contexto, 2010.

Roberts, Andrew. *A tempestade da guerra*: uma nova história da Segunda Guerra Mundial. Rio de Janeiro: Record, 2012.

Vianna, Alexander Martins; Medeiros, Sabrina; Silva, Francisco Carlos Teixeira da (orgs.). *Enciclopédia de guerras e revoluções*. Rio de Janeiro: Campus/Elsevier, 2015, v. II: A época dos fascismos, das ditaduras e da Segunda Guerra Mundial (1939-1945).

SUGESTÕES DE DOCUMENTÁRIOS SOBRE A GUERRA EM GERAL

A história da Segunda Guerra Mundial. Direção de Liam Dale. Documentário escrito por Barnaby Eaton-Jones, 2009.

A Segunda Guerra vista do espaço. Direção de Simon George. History Channel, EUA, 2012.

1939 – Guerra total. BBC/WGBH, Reino Unido, 1995. Consultoria histórica: William McNeil.

O mundo em guerra. Direção de Jeremy Isaacs. Documentário. Thames Television, Reino Unido, 1973-1974.

SUGESTÕES DE CANAIS NA WEB SOBRE A SEGUNDA GUERRA MUNDIAL

HOJE NA SEGUNDA GUERRA MUNDIAL – Eventos que marcaram a Segunda Guerra Mundial, apresentados dia a dia. Disponível em: <https://www.youtube.com/c/HojenaSegundaGuerraMundial>.

LEITURA OBRIGAHISTÓRIA – Canal de história pública que aborda temas de todos os campos da história. Vários episódios e entrevistas sobre a Segunda Guerra Mundial. Disponível em: <https://www.youtube.com/c/obrigahistoria>.

SALA DE GUERRA – Canal de história militar. Vários episódios sobre a Segunda Guerra Mundial. Disponível em: <https://www.youtube.com/c/SaladeGuerraSdG>.

GRÁFICA PAYM
Tel. [11] 4392-3344
paym@graficapaym.com.br